Mord in der Bäderstadt

und andere Unannehmlichkeiten

Conny Lüscher

Mord in der Bäderstadt

und andere Unannehmlichkeiten

Kurzgeschichten

Jede Ähnlichkeit mit lebenden oder toten Personen und tatsächlichen Ereignissen wäre rein zufällig.

Erstausgabe

Kontakt: conny@connyluescher.ch
Website: www.connyluescher.ch
ISBN: 978-3-9525223-3-2
Cover Design: RUDOLFBADEN

Lektorat: Regine Weisbrod

Inhalt

Vorwort

Wie schön, dass Sie da sind! Ich weiß zwar nicht, wo Sie sich gerade befinden – im Zug, in einem Wartezimmer oder zu Hause auf dem Sofa –, aber wir machen uns jetzt gemeinsam auf den Weg.

Ich erzähle Ihnen wieder ein paar Geschichten aus Baden. Natürlich keine, über die in der Zeitung berichtet wird. Deswegen sind Sie ja nicht hier, stimmt's? Aber machen Sie mir dann bitte keine Vorwürfe, wenn Sie danach nicht mehr gut schlafen ...

Die Grabrede

Was glauben Sie, denken andere Menschen über Sie? Spielt das für Sie eine Rolle?
Aber wie denken Sie über sich selbst? Also das ist Ihnen bestimmt nicht egal, denn schließlich müssen Sie ja mit der Person leben, die Sie täglich – mehr oder weniger freundlich – im Spiegel anschaut.
Mit der Selbsteinschätzung ist das ja so eine Sache. Es gibt Menschen, die es verdient hätten, mit Orden und Paraden gefeiert zu werden. Die sich selbst aber nicht wichtig nehmen und ganz selbstverständlich zum Wohle ihres Umfelds beitragen. Oft nimmt man sie gar nicht wahr, denn die Aufmerksamkeit wird auf diejenigen gelenkt, die am lautesten brüllen. Menschen mit einem Ego von der Größe eines Heißluftballons. Und in den meisten Fällen steckt auch wirklich nichts als heiße Luft dahinter.
Aber wie soll man jemandem beibringen, dass er sich völlig überschätzt?

Die Emotionen überrollten ihn.

Das Blatt Papier in seiner Hand zitterte, als er tief Luft holte, um mit seiner Rede zu beginnen. Er räusperte sich, und dann gelang es ihm endlich zu sprechen.

„Wir nehmen heute Abschied von einem wunderbaren Mann, der mit seiner Großartigkeit, seinem Werk und seinem einzigartigen, untadeligen Charakter Spuren hinterlassen hat. Ja, Spuren, man kann es nicht besser ausdrücken, die sich für immer im Gedächtnis all jener eingegraben haben, die ihn gekannt haben."

Leopold Hütterli erschauerte am ganzen Körper bei diesen Sätzen. Ja, er hatte sie gut gewählt, mit den richtigen Worten hatte er den Kern getroffen. Und es gab noch so viel mehr zu sagen über den unglaublichen Mann, der diese Welt verlassen hatte.

Ein Mensch, der wirklich unersetzlich war.

„Freunde! Kameraden! Kollegen! Und natürlich die trauernde Familie. Allen voran du, liebe Käthi, du musst nun ohne ihn weiterleben. Ich weiß, dass das eigentlich nicht zu schaffen ist, ohne diese Stütze an deiner Seite. Einen Gatten zu verlieren, wie ihn sich jede Frau wünscht. Zuverlässig, treu …"

Leopold runzelte die Stirn. Hm…, die Sache mit der Treue hätte er jetzt vielleicht doch nicht erwähnen sollen.

Aber egal, er musste jetzt einfach weitermachen.

„… äh, wie gesagt, zuverlässig, gewissenhaft, hilfsbereit. Sein Rat wurde überall hochgeschätzt und anerkannt. Aber er blieb stets bescheiden, er sah sich als Diener der Menschheit. Wo, liebe Trauergemeinde …" Leopold sah sich mit Tränen in den Augen um.

Es war einfach ergreifend.

„Ja wo, wo finden sich denn heute noch Menschen wie ihn? Die Lücke, die er hinterlässt, wird für immer eine tiefe Wunde hinterlassen."

Es störte ihn, dass er zweimal nacheinander das Wort *hinterlassen* benutzt hatte, aber er hatte keine Kraft mehr, um sich zu ärgern. Die aufwallenden Gefühle drohten ihm das Herz zu zerreißen, und Leopold fischte hastig ein Taschentuch aus seiner Hosentasche.

Es war schon benutzt, ein Papiertaschentuch, das sich zu einem Klumpen verhärtet hatte.

Egal. Schluchzend wischte er sich damit über die Augen, aus denen nun die Tränen nur so strömten.

„Liebe Trauergemeinde …“, stammelte er. „Liebe …“

„Ja um Himmels willen! Wer ist denn gestorben?“

Leopold zuckte zusammen. Beinahe hätte ihn der Schlag getroffen, und er musste sich am Sessel festklammern, um nicht umzukippen.

Käthi starrte ihren in Tränen aufgelösten Mann, fassungslos an.

In ihrem Kopf rasten die Gedanken.

Von wem hatte er da geredet? Wessen Tod hatte ihn so aus der Fassung gebracht, dass er hier mitten im Wohnzimmer stand und heulte wie ein Schlosshund?

Käthi stutzte.

Er hatte eine Grabrede geschrieben! Das passte gar nicht zu ihm.

Und so sehr sie sich auch bemühte, es kam ihr niemand in den Sinn, der Leopold wirklich etwas bedeutete.

„Jetzt mach doch endlich den Mund auf! Von wem hast du da gerade gesprochen?“

„Niemand“, brummte Leopold und faltete das Blatt zusammen.

„Niemand?“ Käthi schnappte nach Luft. „Du plärrst und schreist hier also völlig grundlos durch die Gegend?“

Leopold wandte sich verlegen ab und wollte das Blatt in seiner Hosentasche verschwinden lassen.

„Her damit! Das will ich jetzt aber wirklich wissen!“

Käthi versuchte, ihm das Blatt zu entwenden.

„Lass das!“, fauchte Leopold mit hochrotem Kopf. „Das … das ist Privatsache!“

Aber Käthi war flink. Sie entriss ihm das Blatt und las die ersten Zeilen.

Mist! Leopold ließ sich in den Sessel fallen. Mist! Mist.

Er hatte gedacht, dass sie den ganzen Nachmittag mit ihren Freundinnen verbringen würde. Yoga, Lesezirkel, Shopping oder weiß der Teufel, was die Weiber immer so trieben während ihrer wöchentlichen Zusammenkunft.

„Du hast tatsächlich eine Grabrede verfasst!" Käthis Augenbrauen schnellten in die Höhe, während sie mit dem Blatt vor seiner Nase herumwedelte. „Über dich selbst? Da steht dein Name!"

Leopold grunzte. „Das war nicht für deine Augen gedacht, aber es ist wieder einmal typisch für dich. Kein Respekt vor der Privatsphäre anderer Menschen."

Käthi blinzelte. „Bist du etwa … krank? Etwas Ernstes?"

Das würde dir so passen, Weib!

Dessen war Leopold sich sicher.

„Nein, ich bin nicht krank. Im Gegenteil, ich bin kerngesund!"

Käthi schnaubte. „Und warum zum Kuckuck schreibst du dann so etwas? Ist dir langweilig?"

Vorstellen könnte sie sich das. Leopold hatte keine Hobbys, und wenn er die Zeitung von vorne bis hinten und wieder zurück gelesen hatte, blieb nur noch der Fernseher. Aber um diese Uhrzeit kam das nicht in Frage. Um nicht zu verblöden, wie er es nannte, durfte der Fernseher nicht vor den Abendnachrichten eingeschaltet werden.

„Mir ist ganz und gar nicht langweilig," knurrte er. „Mein Leben ist ausgefüllt mit …" Er verschränkte die Arme. „Ich will einfach vorbereitet sein."

„Vorbereitet? Du bist gerade mal sechzig!"

„Ja, aber man weiß doch nie. Und ich will auf keinen Fall, dass an meinem Grab jemand irgendwelchen Unsinn über mich schwafelt."

Käthi setzte sich auf das Sofa und überlegte, wer überhaupt zu seiner Beerdigung kommen würde. Viele wahrscheinlich nicht. Und ziemlich sicher würde – außer dem Pfarrer – niemand darauf erpicht sein, das Wort zu ergreifen.

Sie beugte sich über das Schriftstück.

„Ziemlich pathetisch und …“, sie warf ihm einen kritischen Blick zu, „... wenn ich das so sagen darf, auch etwas übertrieben.“

„Ah ja?!“ Leopold richtete sich empört im Sessel auf. „Und was genau findest du übertrieben?“

„Jetzt sei doch nicht gleich beleidigt. Aber du redest hier von einem großartigen Werk, das du der Menschheit hinterlassen hast. Ich nehme nicht an, dass du damit den Bau des Biotops hinten im Garten meinst. Das übrigens immer noch nicht fertig ist. Wenn Frösche das könnten, hätten sie sich schon längst beschwert.“

„Nein, ich meine nicht das Biotop, und es ist wieder einmal typisch für dich, dass du ausgerechnet jetzt damit anfängst.“

Leopold wurde wütend.

Diese Baustelle, die langsam mit Unkraut überwucherte, dieses gähnende Loch, das sich mit Regenwasser füllte oder während der Trockenzeit aussah wie der Krater eines Vulkans, war ein gescheitertes Projekt.

Ein Stachel in seinem Herzen, weil er genau wusste, dass das nie etwas werden würde. Er hatte seine Fähigkeiten mal wieder überschätzt.

Aber er würde den Teufel tun und das zugeben!

„Also welches Werk meinst du dann?“

Käthi schien wirklich interessiert. Doch Leopold wusste es besser. Sie wollte ihn aufziehen. Und so, wie sich sein Kopf gerade anfühlte, schien ihr das auch zu gelingen.

„Ich arbeite jetzt seit siebenundzwanzig Jahren in der Firma, und was glaubst du, was ich da mache?“

„Die Buchhaltung.“

Seine Wangen mussten feuerrot sein, das Gesicht fühlte sich an wie nach einem Sonnenbrand. Er wollte loslegen, aber sie fiel ihm ins Wort.

„Und selbst wenn am Ende des Geschäftsjahres die Bilanz stimmt, kann man da wohl kaum von einem großartigen Werk reden. Außer sie ist frisiert.“ Käthi kicherte, aber nach einem Blick in sein Gesicht wurde sie wieder ernst und beugte sich über das Blatt.

„Und dann das hier, zuverlässig, eine Stütze für die Gattin, also wirklich.“ Sie schüttelte den Kopf, und Leopold überlegte, wie es sich wohl anfühlen würde, wenn er ihr jetzt die Hände um den Hals legen würde.

„Zuverlässig. Hilfsbereit! Du warst in all den Jahren nicht ein Mal pünktlich, und wenn ich dir nicht alles mindestens zehn Mal sage, vergisst du es. Im Haushalt hast du auch nie nur einen Finger gekrümmt. Nicht einmal, als die Kinder noch daheim waren und ich Vollzeit gearbeitet habe, weil wir uns sonst dieses Haus nicht hätten leisten können.“

Noch so ein Dorn, der ihn seit Jahren malträtierte. Seine Deppen von Vorgesetzten, hatten ihn sitzen lassen. Buchstäblich, auf dem knarrenden Drehstuhl ganz hinten im Büro. Hatten ihn beim Thema Beförderung nicht einmal in Betracht gezogen. Und ihm stattdessen einen jungen Schnösel vor die Nase gesetzt.

Sie hatten sein Talent einfach nicht erkannt.

Leopold wollte sich empört Luft machen und sein Eheweib in die Schranken weisen.

Aber wie immer war Käthi schneller.

„Und hier!“ Sie schwenkte das Blatt durch die Luft. “Treu! Jetzt darf ich ja wohl laut lachen! Dein Gedächtnis scheint etwas gelitten zu haben. Ich sage nur … rothaarig! Klingelt da was?“

Leopold sank in sich zusammen wie ein missglücktes Soufflé.

Ja, das mit der Treue hätte er nicht erwähnen sollen. Das hatte ja jetzt kommen müssen. Und er konnte von Glück sagen, dass Käthi nur das Techtelmechtel mit der Rothaarigen mitbekommen hatte. Wie hatte eigentlich ihr Name gelautet? Es war schon lange her.

„Wir haben uns doch wieder versöhnt“, sagte er wütend. „Und ich finde es sehr betrüblich, dass du jetzt davon anfängst. Es geht hier um meinen Nachruf, und wir sollten nicht vom eigentlichen Thema abschweifen!“

„Eben!“, zischte Käthi. „Und da sollte man ehrlich sein. Vor allem, wenn man ihn selbst schreibt. Der arme Tropf der das hier eines Tages vorlesen muss, kann sicher sein, dass er im Fegefeuer schmoren wird, wenn er so lügen muss.“

Also das schlägt jetzt dem Fass den Boden aus! Leopold hatte eben noch geglaubt, dass sein Kopf gleich platzen würde vor Wut, jeden Moment explodieren wie eine in Brand geratene Gasflasche.

Stattdessen fühlte er nun eisige Ruhe in sich aufsteigen.

Er musterte Käthi, die ihn herausfordernd ansah.

„Na schön“, sagte er und rappelte sich vom Sessel hoch. „Ich werde jetzt eine neue Grabrede schreiben.“

Käthi zerknüllte das Blatt, stand auf und tätschelte ihm die Schulter. „Eine gute Idee, und jetzt zeig einmal Größe. Dazu brauchst du Ruhe, und da trifft es sich ja wunderbar, dass ich heute Abend noch ins Kino gehe. So bist du völlig ungestört.“

„Ja, prima. Ich brauche tatsächlich etwas Ruhe, damit ich meine Gedanken sortieren und in mich gehen kann.“

Käthi drückte ihm einen flüchtigen Kuss auf die Wange, bevor sie mit beschwingten Schritten aus dem Wohnzimmer verschwand.

„Gib dir Mühe!“, rief sie noch, bevor die Tür zuknallte.

„Ja, das werde ich“, murmelte Leopold und setzte sich an den Tisch. „Du wirst zufrieden sein.“

Er zog den karierten Schreibblock zu sich und kaute auf dem Bleistift herum. Er musste sich konzentrieren. Denn das würde jetzt die ergreifendste Grabrede werden, die man jemals auf dem Badener Friedhof gehört hatte.

Und er würde dafür sorgen, dass sie den Leuten schon bald – sehr bald! – zu Ohren kam.

Er begann zu schreiben:

„Liebe Trauergemeinde. Wir tragen heute hier eine Frau zu Grabe …“

Das Rezept bleibt geheim

Über Geschmack lässt sich bekanntlich streiten, und wenn es ums Essen geht, erst recht. Da hat jeder seine Vorlieben. Während die einen vom weltbesten Burger schwärmen – der tatsächlich in Baden zu finden sei –, dreht sich manch anderen allein beim Gedanken an Fast Food der Magen um.

Ich für meinen Teil bin froh, dass die Welle der Nouvelle Cuisine im Sand verlaufen ist. Ich erinnere mich noch gut an die Zeit, wo ich ratlos auf einen Teller starrte, auf dem ein Dutzend grüne Kügelchen lagen. Es handelte sich um gefüllte Erbsen, präsentiert mit einem Namen, den ich nicht einmal aussprechen konnte. Auch die Molekularküche bot für meinen Geschmack etwas viel Schaumschlägerei.

Ich bevorzuge... nun, das möchte ich jetzt doch nicht verraten, sonst werde ich vielleicht noch in ein Streitgespräch verwickelt. So wie die beiden Herren, für die die hitzigen Diskussionen über Spaghettisoßen böse ausgingen...

„Und? Was sagst du?“, fragte Erminio und tupfte sich mit der frisch gebügelten Serviette die Mundwinkel ab.

„Sehr gut! Wirklich ausgezeichnet.“ Vladi lehnte sich zurück und griff nach dem Rotweinglas.

Erminios Hand verharrte in der Luft, und der Zipfel der Serviette baumelte über dem blankgeputzten Teller.

„Gut? Ausgezeichnet?“ Seine Stimme klang empört. „Ist das alles, was du zu sagen hast?“

„Äh …, also ich meine, deine Soße ist wirklich phantastisch!“ Vladi wusste ganz genau, was Erminio jetzt von ihm hören wollte. Dass er eben die weltbeste Soße gekostet hatte, die er je gegessen hatte.

Aber diesen Gefallen konnte er seinem Kollegen nicht tun. Auch auf die Gefahr hin, dass er morgen einen ungemütlichen Tag im Büro verbringen würde.

Seit einem halben Jahr arbeiteten sie zusammen in einer Filiale einer Großbank in Baden – im selben Team, und bis zu dieser unglückseligen Kaffeepause hatten sie sich blendend verstanden. Vladi wusste nicht mehr, wer mit diesem Unsinn angefangen hatte. Zuerst war es ganz allgemein um Kochen und Rezepte gegangen. Eine ungezwungene Plauderei. Aber dann ging es urplötzlich um die einzig wahre Soße für Spaghetti.

Eigentlich lächerlich. Aber die Diskussion wurde immer hitziger und so laut, dass die Umstehenden entsetzt die Augen aufrissen.

„Lass uns ein andermal darüber reden.“ Vladi hatte an seiner Krawatte gezerrt, um mehr Luft zu bekommen. Sie hatten sich fast angebrüllt.

Idiotisch, wie sie sich hier vor aller Augen benommen hatten. Zwei Männer mittleren Alters mit einem anspruchsvollen Job. Und beide auf dem besten Weg, die Karriereleiter noch ein Stück weiter nach oben zu erklimmen.

Aber Erminio hatte nicht lockergelassen. Immer und immer wieder fing er mit diesem Thema an. Seine Großeltern stammten ursprünglich aus Italien. Aus Neapel, um genau zu sein, und seine Nonna hatte ihm ihr Rezept vermacht. Über das Erminio referierte, als handle es sich um das Buch der Weisen.

Er war sowieso ein rechthaberischer Geselle und konnte es kaum ertragen, wenn jemand seine Meinung nicht teilte. Und was seine Soße betraf, war er regelrecht besessen.

„Ich werde es dir beweisen! Ich koche für dich, und dann wirst du ein wahres Wunder erleben. Du wirst in einem kulinarischen Himmel schweben!"

Und nun saß Vladi auf einer pompösen Terrasse hoch über der Stadt und fühlte sich von Erminios Blicken wie aufgespießt. Er hätte nun einfach lügen können, seinem Kollegen auf die Schulter klopfen und Lobeshymnen singen. Aber einmal abgesehen davon, dass er ein grundehrlicher Mensch war, fühlte er sich jetzt herausgefordert.

Also warf er bildlich gesprochen den Fehdehandschuh und sagte: „Wie gesagt, die Soße war exzellent, aber hast du schon einmal Spaghetti *Formula Uno* probiert?“

Erminio warf seine Serviette auf den Tisch. „Was zum Kuckuck soll das denn sein? Noch nie gehört, und wenn du mich fragst, klingt das nach vorfabriziertem Dosenfutter!“

Vladi lächelte. „Anscheinend warst du noch nie im Restaurant *Isebähnli*?“

Erminio schüttelte den Kopf. „Ich hatte immer wieder mal vor, dort essen zu gehen, aber …“

„Also gut. Dann reserviere ich uns jetzt einen Tisch und lade dich ein. Und ich bestelle dir meine absolute Favoritin. Es gibt täglich wechselnde Menüs, doch das ist einer der Klassiker auf der Speisekarte. Du kannst sogar wählen, ob du die Soße lieber scharf oder etwas milder möchtest. Also von wegen Dosen!“

Als sie an diesem Septemberabend durch das Gartentor des Lokals schritten, war es zu kühl, um draußen zu sitzen.

Vladi warf einen wehmütigen Blick auf die verwaisten Stühle. Diesen Platz zwischen den Bäumen liebte er ganz besonders. Die Küchentür stand offen, und die dicken Kordeln des Fliegenvorhangs schwangen leicht im Luftzug hin und her.

Erminio blieb schnuppernd stehen und versuchte, einen Blick ins Innere zu erhaschen. Es roch verlockend.

„Komm schon“, sagte Vladi und schob ihn durch die Hintertüre. Während sie ihre Jacken an die Garderobe im Treppenhaus hängten, verspürte Erminio ein heftiges Kribbeln in der Nase.

„Gibt es hier etwa eine Katze?“, fragte er nervös.

„Eine Katze und einen Hund, wieso fragst du?“

Erminio riss entsetzt die Augen auf. „Oh Gott! Ich bin allergisch gegen Katzen.“ Er klopfte auf seine Hosentasche und beruhigte sich ein wenig, als er sein Notfallset ertastete.

„Keine Sorge, im Lokal wirst du davon nichts spüren. Da drin gibt es nur gutes Essen und gute Gesellschaft.“

Sie wurden zum letzten freien Tisch geführt. Erminio sah sich um. Warm leuchtende Holzvertäfelung, weiß gedeckte Tische, der Raum verströmte eine heimelige Atmosphäre. Und es ging ziemlich familiär zu. Fast alle schienen sich zu kennen. Vor allem Vladi winkte in die Runde, als wäre er hier zu Hause.

Während sie den Wein aussuchten, wurden sie von den beiden Gastgebern herzlich begrüßt.

„Ich will diesen Neuling heute überzeugen,“ erklärte Vladi lachend. „Also bitte zweimal *Formula Uno*!“

Als serviert wurde, hielt Erminio das Gesicht tief über den dampfenden Teller und wedelte sich mit der Hand den Duft in die Nase.

Er versuchte, keine Miene zu verziehen, auch nicht, als er den ersten Bissen probierte.

Mamma Mia!

Diese Soße hatte Pfiff, ein gewisses Etwas, das im Rezept seiner Nonna noch fehlte. Wenn er jetzt herausfinden könnte, was das war …

Ein ganz besonderes Gewürz? Ein seltenes Kräutlein? Wenn man die beiden Rezepte kombinieren würde, dann … ja dann! Um eine solche Soße würde sich alle Welt reißen. Er könnte sie vermarkten, sie würde garantiert ein Verkaufsschlager werden. Im Geiste sah er sich schon als Patron einer Firma, bewundert von seinen ehemaligen Kollegen.

Schlagartig wurde ihm bewusst, dass er völlig selbstvergessen vor sich hin gekaut hatte und angestarrt wurde.

Von Vladi. Dessen breites Grinsen bis fast zu den Ohren reichte. „Und?“, fragte er. Es klang triumphierend.

Erminio räusperte sich und tupfte sich umständlich mit der Serviette die Mundwinkel ab. Er musste Zeit gewinnen, um die richtigen Worte zu finden. Er würde den Teufel tun und Vladi einen Sieg gönnen.

„Ich muss zugeben, es schmeckt ausgezeichnet. Ziemlich speziell, mich würden die Zutaten interessieren. Meinst du, deine beiden Freunde würden mir verraten, wie die Soße zubereitet wird? Du scheinst sie ja ziemlich gut zu kennen.“

Vladi wurde wütend. Er hatte Erminio die ganze Zeit beobachtet, wie er mit verzücktem Gesicht jeden Bissen genossen hatte. Und er hätte es jetzt doch einfach zugeben, und damit diesem dämlichen Streit ein Ende machen können.

Aber nein! Er eierte herum und versuchte abzulenken. Das war wieder typisch für Erminio. Diesen versnobten Besserwisser! Also schön. Ganz sicher würde er ihm jetzt nicht den Gefallen tun und sich nach dem Rezept erkundigen.

„Kennst du diesen Spruch aus der Werbung?“, fragte er.

„Werbung? Was denn für Werbung?“

„Käse. In dieser Werbung geht es um Käse. Aber ich kann dir gleich sagen, der Spruch gilt auch hier. Das Rezept bleibt geheim!“

Drei Uhr nachts, und die Stadt schien tatsächlich zu schlafen. In der beinahe gespenstischen Stille kam ihm sein eigener Atem unnatürlich laut vor. Erminio hielt einen Moment inne, um sich zu beruhigen. Was er da vorhatte, war immerhin eine Straftat! Ein Einbruch!

Aber er hatte nicht vor, sich erwischen zu lassen, und immerhin das Gartentor hatte er spielend leicht überwunden. Nun schaltete er die kleine Taschenlampe ein und inspizierte das Schloss der Küchentür. Sollte auch kein großes Hindernis sein.

Erminio hatte sich auf YouTube schlaugemacht. Sich jede Menge Filme angeschaut, in denen alle möglichen Arten von Türschlössern geknackt wurden. Sich gut vorbereitet, gleich nachdem er den Entschluss gefasst hatte, das begehrte Rezept zu stehlen.

Oder wenigstens einen Löffel der Soße, die er an ein Labor schicken könnte, um das Geheimnis zu lüften. Er war überzeugt, dass irgendwo ein Topf davon zu finden war. Eine perfekte Tomatensoße musste ja stundenlang vor sich hin köcheln.

Erminio rieb sich über die Augen. Sie brannten wie Feuer, seine Nase juckte, und in seiner Kehle tummelte sich eine Armee von Ameisen. Die Aufregung, das musste die

Aufregung sein. Kein Wunder, was er hier tat, war doch vollkommen verrückt!

Ich bin verrückt und besessen, dachte er und ging leise kichernd in die Knie. Man bringt mich ins Irrenhaus, wenn das hier rauskommt. Der Gedanke schnürte ihm den Atem ab. Er plumpste auf den Hintern.

Er fühlte sich gar nicht gut.

Etwas strich an seinem Rücken herum, und als er sich schwerfällig umdrehte, starrte er in zwei gelbe Augen.

Eine Katze!

Sie musste schon die ganze Zeit hier gewesen sein, und nun wurde ihm schlagartig klar, weshalb er sich so schlecht fühlte.

Sie sprang ihm auf den Schoß.

„Verschwinde!“, keuchte er und versuchte, sie von sich zu schubsen. „Verschwinde, du Ausgeburt der Hölle!“

Die Katze rieb den Kopf an seiner Brust und begann laut zu schnurren.

Seine Gliedmaßen fühlten sich mit einem Mal taub an, und er bekam kaum noch Luft, als er sich vom Boden hochstemmte und mit Beinen aus Pudding zum Gartentor wankte. Obwohl er genau wusste, dass sein Notfallset zu Hause lag, hoffte er auf ein Wunder und griff in seine Hosentasche.

Leer, natürlich. Es gab keine Wunder.

Mit letzter Kraft hievte er sich über das Gartentor und kroch auf allen vieren über den schmalen Weg. Ein paar Meter nur, dann musste er sich ausruhen. Er lag röchelnd auf dem Rücken, als er das Scheppern der Katzenklappe hörte.

„Hilfe!“, quiekte er, als sich die Katze mit einem freundlichen Miauen auf seine Brust setzte.

Zahn um Zahn

Auge um Auge, Zahn um Zahn. Das haben Sie sicher auch schon einmal gehört oder gelesen. Oder Rache ist Blutwurst? Es gibt ja eine Menge solcher geflügelten Worte, bei denen es darum geht, es jemandem heimzuzahlen. Eigentlich sollte man ja vergeben, wenn einem Unrecht angetan wurde. Das ist allerdings oftmals leichter gesagt als getan. Und manchmal ist eine Gelegenheit, sich zu rächen, einfach unwiderstehlich ...

Viola Herb saß auf einer Bank im Kurpark und genoss ihre kurze Mittagspause. Dick eingepackt in Steppmantel, Schal und Mütze trotzte sie der Kälte. Vor ihr im Weiher paddelten die Gänse mit hochgereckten Hälsen und stießen klagende Laute aus.

„Ich weiß, dass ihr nicht lesen könnt, aber hier steht – bitte nicht füttern“, nuschelte sie mit vollem Mund. Sie hätte sowieso nicht viel abgeben können. Das Laugenbrötchen, das sie sich unterwegs gekauft hatte, reichte gerade mal für drei, vier Bisse. Viola war froh, überhaupt etwas zwischen die Zähne zu bekommen. In der Gemeinschaftspraxis war die Hölle los.

Zwei Kollegen waren wegen Grippe außer Gefecht, und ausgerechnet heute gab es drei Notfälle, die neben den regulären Patienten behandelt werden wollten.

Aber Viola hatte auf diesen kurzen Spaziergang an der frischen Luft bestanden. Danach würde ihr die Arbeit wieder leichter von der Hand gehen, und außerdem war der Feierabend in weite Ferne gerückt.

Sie knüllte die Papiertüte zusammen und lehnte sich zurück. Ob Sommer oder Winter, Viola liebte diesen Park mitten in der Stadt. Jetzt war er menschenleer, und nichts lenkte sie von ihren Gedanken ab.

In zwei Tagen würde sie einen runden Geburtstag feiern. Dreißig! Ein paar ihrer gleichaltrigen Freundinnen hatten ein Problem mit diesem Übergang in ein neues Jahrzehnt und prüften geradezu panisch täglich ihr Gesicht. Gab es da schon eine Falte? Irgendein Zeichen des beginnenden Zerfalls?

Viola konnte darüber nur lachen. Sie war nie eine Schönheit gewesen. Unterer Durchschnitt, sagte sie über sich selbst. Aber das war ihr gleichgültig. Sie war glücklich verheiratet, hatte einen tollen Job als Zahnärztin, eine schöne Wohnung und viele Pläne für die Zukunft. Kinder, ja, zu ihrem Glück fehlten nur noch die Kinder.

Und sie würde eine gute Mutter werden. Für sie da sein und ihnen eine glückliche und unbeschwerte Kindheit bereiten. Für sie kämpfen wie eine Löwin, sollte es nötig sein.

Viola erinnerte sich nur ungern an ihre eigene Kindheit und Jugend. Sie machte ihren Eltern keine Vorwürfe, sie hatten es nicht besser gewusst, und es waren andere Zeiten gewesen. Aber manchmal staunte sie selbst darüber, wie sie es trotz den widrigen Umständen so weit gebracht hatte. Es geschafft hatte, sich durchzubeißen und alle Hürden zu überwinden.

Ausgerechnet sie, das Nüsschen.

Ja, so hatte sie damals ihr Klassenlehrer genannt. Immer mit einem süffisanten Lächeln, doch alle hatten gewusst, was er eigentlich meinte.

Dumme Nuss, aber das konnte er ja nicht sagen.

Viola war nie eine besonders gute Schülerin gewesen, aber sie hatte den Sprung in die Bezirksschule geschafft, und alles wäre wahrscheinlich anders verlaufen, wenn sie nicht an diesen Lehrer geraten wäre.

Herr Kampfel, dem anscheinend ihre Nase oder sonst etwas nicht passte. Der sie gleich in der ersten Stunde zu seiner Favoritin für alle möglichen Schikanen erkoren hatte.

Von da an wurde jeder Tag zu einer Qual. Von ihren Freunden hielten nun die meisten Distanz zu ihr, um nicht auch in die Schusslinie zu geraten. Obwohl niemandem entging, wie ungerecht er sich verhielt.

„Das war wohl wieder etwas zu viel für unser Nüsschen", pflegte er zu sagen, wenn er ihr eine Prüfungsarbeit auf das Pult knallte. Die Blätter mit so vielen roten Markierungen verziert, dass sie aussahen wie abstrakte Gemälde.

„Ja, ja, wohl wieder eine viel zu große Herausforderung für diese winzigen grauen Zellen in deinem Köpfchen."

Ihre Wangen brannten vor Scham, und ihre Mitschüler starrten betreten auf ihre Hefte. Nur aus der hintersten Reihe war ein hämisches Kichern zu hören.

Viola lernte verbissen. Saß bis spät in die Nacht an ihren Hausaufgaben, bis ihr vor Übermüdung die Augen zufielen. Aber Herrn Kampfel konnte sie es nie recht machen. Selbst wenn er nur einen einzigen Fehler fand, bemäkelte er ihn, als hätte sie eine Schandtat begangen, oder machte sich über sie lustig.

Viola litt unter Bauchkrämpfen, Kopfschmerzen, jedes Mal, wenn er den Raum betrat, wurde ihr übel vor lauter Angst. Sie wurde immer stiller und kapselte sich ab. Einmal hatte sie versucht, mit ihren Eltern darüber zu reden, doch die hatten nur mit den Schultern gezuckt.

„Er ist schließlich dein Klassenlehrer. Herr Kampfel unterrichtet schon seit Ewigkeiten an dieser Schule. Der kann deine Leistungen sicher richtig beurteilen. Du musst dir einfach noch etwas mehr Mühe geben!“

Am Ende der Schulzeit hatte sich ihr Selbstvertrauen in Luft aufgelöst, und als ihr ein Berufsberater zu einem Studium riet, konnte sie es daher kaum fassen.

„Deine Noten sind nicht gerade überwältigend, aber nach all diesen Tests – die du übrigens fast alle mit Bravour bestanden hast –, würde ich dir dringend diesen Weg empfehlen.“

Was danach folgte, war wie ein Erwachen aus einem bösen Traum. Die Professoren an der Universität waren nett und höflich, förderten ihre Begabungen und unterstützen sie da, wo sie mit Schwächen zu kämpfen hatte. Viola blühte regelrecht auf, und das Lernen machte ihr richtig Freude. Etwas, das sie sich früher niemals hätte vorstellen können.

Meinen Kindern werde ich zuhören, niemals wird es jemandem gelingen, sie zu schikanieren, dachte Viola und rappelte sich auf. Sie hatte sich jetzt lange genug mit der Vergangenheit beschäftigt. Es war an der Zeit, sich wieder an die Arbeit zu machen – und unterwegs ein paar Gedanken über ihre Geburtstagsparty. So ein wunderbares Leben musste gefeiert werden.

Als Viola die Praxisräume betrat, spürte sie es sofort. Die Stimmung war auf dem Tiefpunkt. Sie schlüpfte in ihren Arbeitskittel und wollte sich die Hände waschen und desinfizieren, als eine der Assistentinnen über den Flur eilte, das Klemmbrett mit dem Anmeldeformular vor sich hertragend, als wäre es mit irgendeinem Virus kontaminiert. Das Gesicht genervt verzogen, verschwand sie damit im Wartezimmer.

„Könnten Sie das bitte noch mal neu schreiben? Es tut mir leid, aber ich kann Ihre Schrift nicht lesen.“

„Was soll denn das?“, brüllte eine Stimme. „Natürlich kann man das lesen, wenn man die Augen aufmacht! Sind Sie sicher, mein Fräulein, dass Sie überhaupt lesen können?“

Viola konnte Tanjas gemurmelte Antwort nicht verstehen. Sie klang beleidigt und gereizt, und das konnte man ihr wohl nicht verdenken.

„Geben Sie her, Himmel noch mal!“

Einen Moment herrschte Ruhe, und Viola dachte schon, der Patient hätte sich beruhigt. Sie zuckte zusammen, als er wieder losbrüllte.

„Wie lange soll ich hier eigentlich noch warten? Ich habe Schmerzen! Kapieren Sie das? Ich habe Schmerzen, die kaum mehr zum Aushalten sind, und Sie lassen mich einfach hocken und belästigen mich mit Papierkram! Was ist das hier eigentlich? Können Sie mir das sagen? Ich dachte, es handle sich bei diesem Laden um eine seriöse Zahnarztpraxis. Mit Notfalldienst. Das steht jedenfalls so auf Ihrer popeligen Homepage. Notfall. ICH BIN EIN NOTFALL!“

Viola verschlug es die Sprache, und sie wollte ins Wartezimmer stürmen, um diesem ungehobelten Klotz Manieren beizubringen, als Tanja herausgestürzt kam. Sie unterdrückte mit Mühe ihre Tränen und knallte das Klemmbrett auf das Empfangspult.

„Zeig mal her“, sagte Viola und legte ihr beruhigend eine Hand auf die Schulter.

Tanja ließ sich leise schimpfend auf den Stuhl plumpsen und kramte in ihrer Kitteltasche nach einem Taschentuch.

Viola studierte das Anmeldeformular. Die Schrift war wirklich kaum zu entziffern.

„Bring ihn doch bitte zu mir in die Nummer zwei. Ich werde mich gleich um ihn kümmern."

„Viel Vergnügen", murmelte Tanja und putzte sich lautstark die Nase.

„Danke, werde ich haben."

Er setzte sich auf den Behandlungsstuhl und ließ sich von der Zahnarzthelferin das Papierlätzchen umbinden. Er fand, dass sie sich ziemlich ungeschickt anstellte, und am liebsten hätte er sie zurechtgewiesen.

Aber der unangenehme Geruch in diesem Raum, das blendende Weiß, das hier vorherrschte, und vor allem die riesige Lampe, die wie eine Drohung über seinem Kopf schwebte, hatten ihm die Sprache verschlagen. Sein Mund und sein Hals waren plötzlich staubtrocken. Er überlegte, ob man die rosafarbene Flüssigkeit in dem Glas, das auf dem Spuckbecken stand, gefahrlos trinken konnte.

Egal. Er nahm einen Schluck, und nun hatte er das penetrante, medizinische Odeur nicht mehr nur in der Nase, sondern auch noch auf der Zunge. Er schluckte schwer und sah sich um.

Es war Jahre her – oder waren es Jahrzehnte? –, seit er das letzte Mal bei einem Zahnarzt gewesen war.

Allein die Vorstellung, so eine Praxis zu betreten, löste bei ihm Ängste aus, die er nicht kontrollieren konnte. Herzrasen, Schweißausbrüche, ein Zittern am ganzen Körper … es war die Hölle!

Also hatte er bei auftretenden Problemen zu Tabletten, Salben und Tinkturen gegriffen. Und wenn gar nichts mehr half, auch zu Schnaps. Doch seit ein paar Wochen nützte alles nichts mehr. Die Schmerzen raubten ihm den Schlaf, und seine linke Backe sah aus, als hätte er darin Notvorräte gehamstert.

An diesem Morgen war er vor seinem eigenen Anblick im Spiegel zurückgezuckt. Mit einer Taschenlampe hatte er sich stöhnend in den weit aufgerissenen Mund geleuchtet und sich die Bescherung angeschaut.

Und versucht, nicht die Fassung zu verlieren. Es war nicht nur dieser eine pochende Zahn. In seinem Mund sah es aus, dass es ihm selber grauste. Das schon seit langem, aber bis jetzt hatte er es geschafft, diesen Umstand zu verdrängen.

„Wir machen jetzt erst einmal ein paar Röntgenbilder, danach wird sich die Frau Doktor um Sie kümmern." Die Assistentin riss ihn aus seinen trüben Gedanken.

„Bitte den Mund schön weit aufmachen."

Das Gestell in seinen Backen erzeugte einen Würgereiz, und er atmete panisch durch die Nase. Er war völlig entkräftet, als die Prozedur endlich überstanden war. Als er wieder alleine in seinem Stuhl lag, fühlte er sich wie ein angeschossenes Reh. Dem Ende nahe!

Die Tür öffnete sich erneut, und er hörte leichte Schritte hinter seinem Rücken.

„Einen wunderschönen guten Tag! Also meine Assistentin wird Ihnen nachher die Liste mit Ihren weiteren Behandlungsterminen mitgeben. Das wird eine ziemlich langwierige und wahrscheinlich etwas schmerzhafte Sache, aber das ist Ihnen ja sicher schon bewusst. Nicht wahr, Herr Kampfel?"

Viola streckte ihm die Hand entgegen. Ihr Lächeln blieb hinter dem Mundschutz verborgen.

Rechthaberei

Recht haben und Recht bekommen ist leider nicht dasselbe. Falls Sie diese Erfahrung mithilfe eines Anwalts machen mussten, ist Ihnen diese Einsicht wahrscheinlich teuer zu stehen gekommen.

Ja, die Welt ist manchmal ungerecht, die Menschheit borniert, stur und rücksichtslos. Damit sollte man aber versuchen zu leben. Denn wenn man immer starrköpfig auf seinem Recht beharrt, kann das manchmal schmerzhaft enden.

Er dachte, als Fußgänger hätte er von Rechts wegen Vortritt.

Der Radfahrer kam von rechts und war überzeugt, dass er recht hatte.

Jetzt liegen sie nebeneinander im Kantonsspital Baden.

Im Zimmer gleich rechts, neben dem Lift.

Das Denken fällt noch recht schwer.

Ich habe Sie beobachtet

Jetzt mal ganz ehrlich, wir haben doch alle unsere kleinen Geheimnisse. Vielleicht geben Sie das nur sehr ungern zu. Aber jeder Mensch hat schon einmal irgendetwas getan, von dem er nicht möchte, dass das jemals ans Tageslicht kommt. Meist handelt es sich um ganz harmlose Dinge, kleine Fehltritte, aber wir befürchten, dass andere uns dafür verurteilen könnten.

Allerdings gibt es ein paar Leute, die haben Schlimmeres zu verbergen. Und mit denen sollte man sich besser nicht anlegen ...

Keikei saß auf dem Sofa und schwitzte. Eigentlich hieß er Karl Krächner. Aber als er damals das Gamen im Internet für sich entdeckt hatte, wählte er diesen Namen, um in der virtuellen Gemeinschaft nicht als Landei abgestempelt zu werden.

Er hatte den Namen cool gefunden, das war der Name eines Siegers, eines Genies, und Karl war sich sicher gewesen, er bringe ihm Glück.

Wenn dem doch so gewesen wäre. Er hatte sich gründlich verzockt und Schulden gemacht, die ihm jede Nacht Albträume beschert hatten.

Wenn er sich um drei Uhr morgens endlich vom Bildschirm lösen konnte und ins ungemachte Bett fiel, fand er sich in seinen Träumen auf einem Spielfeld wieder.

Nur mit seiner Unterhose bekleidet und unbewaffnet, musste er um sein Leben rennen. Verfolgt von turmhohen Monstern und brüllenden Kriegern in Uniformen, die der Teufel selbst genäht haben musste.

Heerscharen von Untoten jagten ihn mit weit aufgerissenen Mündern durch eine zerstörte Landschaft, die übersät war von zerfledderten Leichen. Wenn er am Ende seiner Kräfte, verwundet und auf allen vieren in einen der rauchenden Krater kroch, platzte ihm fast das Trommelfell von ihrem unmenschlichen Gekreische.

„Rück die Kohle raus! Zahl endlich deine Schulden, oder wir machen Hackfleisch aus dir! Loser!“

Wenn er schreiend und schweißgebadet erwachte, lag er unter dem Bett. Zwischen Pizzaschachteln, einer alten Spielkonsole und Wäschestücken, die einen strengen Duft verströmten.

So konnte das nicht weitergehen. Er musste sich diese Schulden vom Hals schaffen. Aber wie zum Teufel sollte er das bewerkstelligen? Er hatte sich den Kopf zermartert.

Mit ehrlicher Arbeit würde er nicht weit kommen. Als Hilfsarbeiter im Lager eines Versandhandels verdiente er gerade so viel, dass er sich diese kleine Wohnung leisten konnte. Seine Eltern hatten ihn samt ein paar alten Möbelstücken, in einen Wohnblock im *Kappelerhof* verfrachtet. Die Erleichterung, ihren Sohn nach zweiundzwanzig Jahren loszuwerden, hatte man ihnen angesehen.

Drei Monate lang hatte er ein unbeschwertes Leben geführt. Frei von den Zwängen seines Elternhauses. Aber dann hatte ihn dieses Fieber gepackt. Die Sucht, den Computer hochzufahren und in die fantastischen Welten einzutauchen, in denen jeder ein Held werden und sein Glück machen konnte. Hatte er gedacht, verloren und plötzlich eine Menge Schulden am Hals.

Dann hatte er diese dämliche Idee gehabt, und deswegen saß er jetzt richtig in der Klemme.

Keikei wischte sich den Schweiß von der Stirn und rappelte sich auf. Er schlurfte zum Kühlschrank und öffnete ihn, obwohl er schon wusste, was er vorfinden würde.

Nichts. Außer zwei Bierdosen, einer abgelaufenen Packung Streichkäse, dem kümmerlichen Rest einer Salami und den schwarzen Flecken an der Rückwand, war alles leergeräumt. Das Blubbern in seinem Magen hörte sich an wie Wasser, das sich einen Weg durch einen verstopfen Abfluss sucht.

Er hatte Hunger. Seit Tagen nichts gegessen und in seiner Verzweiflung riss er zum wiederholten Mal alle Schränke auf. Vielleicht hatte er etwas übersehen. Bonbons, Kaugummi, einen Schokoriegel, egal, einfach eine Kleinigkeit zwischen die Zähne.

Ich muss jetzt endlich hier raus und einkaufen gehen, dachte er. Wenn ich es nicht tue, werde ich noch verhungern. Heute, ja heute Abend kurz vor Ladenschluss, wenn es dunkel ist …

Das hatte er sich schon vorgestern und gestern vorgenommen, aber die Angst war stärker gewesen.

Irgendjemand wartete da draußen auf ihn, und was dieser Jemand mit ihm anstellen würde, wollte er sich gar nicht vorstellen.

Keikei zuckte zusammen, als es an seine Wohnungstüre donnerte.

Jetzt war es so weit! Fast hätte er aufgeschrien, aber dann hörte er das brummende Geräusch des Staubsaugers.

Das war bloß die alte Zicke, die das Treppenhaus putzte. Frau Bläuli, die Hausmeisterin, die ihn seit seinem Einzug schikanierte. Ständig hatte sie was zu meckern: Die Musik sei zu laut, der Müllsack nicht richtig zugebunden, sein Fahrrad stünde im Weg, und er solle sich gefälligst die Schuhe abstreifen und aufhören, einen solchen Dreck im Treppenhaus zu hinterlassen.

Dämliche Ziege!

„Ich war das nicht, verflucht! Lassen Sie mich in Ruhe, Sie sind ja schlimmer als meine Mutter!“, hatte er sie angebrüllt, als sie wieder einmal mit vorwurfsvollem Blick auf die Erdkrümel gezeigt hatte, die die Treppenstufen zierten.

Die Sache war dann ausgeartet, und am Ende hatten sie sich gegenseitig lautstark angekeift.

Der Staubsauger verstummte, und er wusste genau, was sie jetzt machte. Das Ohr an seine Wohnungstür legen und lauschen. Er könnte sich nun den Spaß machen und mit der Faust gegen die Tür schlagen. Wahrscheinlich würde sie vor Schreck die Treppe hinunterfallen, aber er war nervlich so am Ende, dass ihn auch das nicht aufheitern würde.

Er plumpste aufs Sofa, der Staubsauger begann wieder zu brummen und entfernte sich Stufe um Stufe, bis er kaum noch zu hören war. Und Keikei schwitzte einsam vor sich hin, während er sich trübselig daran erinnerte, wie er sich in Teufels Küche gebracht hatte. Wegen seiner Spielschulden.

Als er in seiner Verzweiflung schon fast so weit gewesen war, seine Eltern anzupumpen – was nicht enden wollende Vorwürfe und Strafpredigten nach sich gezogen hätte –, hatte Keikei eine geniale Idee.

So simpel, dass er fast laut gelacht hätte und es selbst kaum glauben konnte. Er drehte den Gedanken wie eine Münze hin und her. Prüfte ihn auf mögliche

Schwachstellen und Fallstricke und kam zu dem Schluss: wenn er vorsichtig war und keine Spuren hinterließ – vor allem keine Fingerabdrücke, – konnte eigentlich nichts schiefgehen.

So kam es, dass Keikei durch Baden spazierte und die Häuser und Wohnungen unter die Lupe nahm, für die man echt etwas hinblättern musste. Die Entscheidung fiel ihm schwer, aber es war ja erst mal nur ein Schuss ins Blaue. Er warf drei Zettel in drei Briefkästen, auf denen außer dem Datum und der Uhrzeit der gleiche Text stand:

Ich habe Sie beobachtet, und ich weiß, was Sie getan haben. Sie wollen sicher nicht, dass das bekannt wird. Ich bin kein schlechter Mensch, ich mache das nur, weil ich in einer Notlage bin. Wenn Sie mir tausend Franken zahlen, werde ich für immer schweigen. Sie hören nie wieder von mir. Versprochen.

Über die Summe hatte er sich lange Gedanken gemacht, denn er hatte ja keinerlei Erfahrung mit Erpressung. Auch der Ort für die Übergabe hatte ihm Kopfzerbrechen bereitet. Doch dann hatte er schon wieder eine grandiose Idee.

Das Geld sollte beim Eingang zum Kurpark deponiert werden, in einem Buch im öffentlichen Bücherschrank. Und zwar im ersten Exemplar ganz unten links. Die Leute bücken sich ja nicht so gerne, und so blieb die Gefahr, dass irgendjemand unwissentlich seine Beute mitnahm, verschwindend klein.

Er wählte einen Sonntagnachmittag. Da wimmelt es von Spaziergängern, Kindern und Hunden. Auf der Wiese spielen junge Leute, und ganze Familien machen es sich auf mitgebrachten Decken gemütlich.

Eine Stunde vor dem verabredeten Zeitpunkt angelte er sich ohne hinzusehen ein Buch aus dem Schrank, pflanzte sich im Schneidersitz strategisch günstig auf die Wiese und setzte sich zur Tarnung noch Kopfhörer auf.

Aus den Augenwinkeln beobachtete er die Leute, während er so tat, als sei er in sein Buch vertieft. *„Baden kann tödlich sein. Mörderische Geschichten aus der Bäderstadt.“*

Das hätte ihn jetzt doch interessiert, aber er durfte sich nicht ablenken lassen. Zweimal hielt er den Atem an, als jemand kam und die Buchrücken im Schrank musterte. Aber dann leider weiterschlenderte.

Zehn Minuten vor der vereinbarten Zeit tauchte eine gut gekleidete Frau mittleren Alters auf. Sie schien sehr nervös, sah sich nach allen Seite um, und sein Herz begann zu pochen.

Ist das jetzt eine von denen, die Post von mir bekommen haben? Das war nicht der einzige Gedanke, der ihn beschäftigte. Denn falls ja, was könnte die wohl verbrochen haben, dass man sie erpressen konnte?

Die Frau sah seriös aus, gepflegt, und selbst wenn man viel Fantasie hatte, käme man nie im Leben auf die Idee, dass sie etwas zu verbergen hatte.

Und doch!

Keikei musste sich zwingen, nicht allzu auffällig hinzusehen, als sie in ihre schicke Handtasche griff, den Bücherschrank öffnete und in die Knie ging.

Blitzschnell griff sie nach dem Buch ganz unten links, legte ein Kuvert hinein und stellte es zurück. Keikei war fassungslos. Sein Plan klappte tatsächlich. Er hatte ja nicht die geringste Ahnung, wer sich hinter den Adressen verbarg, die er so zufällig ausgesucht hatte wie die Zahlen auf einem Lottoschein. Keines seiner Opfer hatte er bisher gesehen.

Aber sie hatten Dreck am Stecken!

Keikei beobachtete die Frau, die eilig davonlief. Er klappte sein Buch zu und stand auf. Als sie Richtung Stadt verschwunden war, schlenderte er noch ein wenig herum und scannte die Umgebung.

War da jemand, der den Bücherschrank beobachtete? Der nur darauf wartete, dass er sich das Geld holte, und ihn dann am Kragen festhielt?

Plötzlich packte ihn die Angst. Was, wenn die Frau die Polizei informiert hatte?

Er würde im Knast landen. Samt seinen Schulden.

Er drehte Rund um Runde, aber weit und breit war niemand zu sehen, der ihm irgendwie verdächtig vorkam. Schließlich näherte er sich mit betont lässigen Schritten dem Bücherschrank, öffnete die Tür und schob seinen Krimi zurück ins Regal. Dann bückte er sich und nestelte an seinen Schuhbändeln. Sein Herz hämmerte wild, als er nach dem Buch griff und es unter sein Shirt, in den Hosenbund schob. Während er eilig davonlief, war er darauf gefasst, dass sich jeden Moment eine Hand auf seine Schulter legen würde.

„Sie sind verhaftet!"

Aber nichts geschah. Er konnte unbehelligt verschwinden, und er war mit einem Schlag um tausend Franken reicher.

Beim zweiten Mal lief es nicht so gut. Niemand kam und hinterlegte das geforderte Geld. Entweder handelte es sich bei diesem Zufallsopfer um einen Unschuldsengel, der absolut nichts zu verbergen hatte. Oder um einen Menschen, der nicht zahlen wollte und es darauf ankommen ließ.

Keikei machte einfach weiter. Verteilte seine Zettel in den Briefkästen und hatte schon fünftausend Franken ergaunert, als es passierte.

Vor einer Woche hatte er gut gelaunt wie lange nicht mehr seinen Briefkasten geöffnet. Ein Stapel Werbung, eine Rechnung und ein weißes Kuvert, auf dem in krakeliger Schrift sein Name stand. Ohne Absender.

Er war immer noch gut gelaunt und pfiff vor sich hin, als er es öffnete.

Sein Herz gefror, und er schnappte nach Luft.

„*Ich habe Sie beobachtet. Ich weiß ganz genau, dass Sie das waren. Das wird ein Nachspiel haben, das wird Ihnen noch leidtun. Da können Sie Gift drauf nehmen.*“

Seine Beine verwandelten sich in Gummi, seine Hände zitterten, und die Schrift auf dem Papier verwackelte vor seinen Augen. Was hatte er sich da eingebrockt?

Einen echten Verbrecher aufgeschreckt? Vielleicht gar einen Mörder aufgescheucht?

Er japste nach Luft, als er die Stufen hinaufrannte und sich in seiner Wohnung verbarrikadierte.

Und die er nun vor lauter Angst seit einer Woche nicht mehr verlassen hatte.

Er war überzeugt davon, dass da draußen jemand lauerte. Auf ihn wartete, um ihn fertigzumachen.

Bald würde sich das von selbst erledigen. Er würde in seiner Wohnung verhungern. Keikei saß auf dem Sofa, schwitzte und raufte sich die Haare.

Frau Bläuli trat mit dem Fuß auf den Staubsauger, und das Kabel rollte sich surrend ein. Zufrieden sah sie sich um. Blitzblank.

Das Treppenhaus, der Eingang, alles so, wie es sich gehörte. Und auch heute war das gar kein großer Aufwand gewesen. Seit einer Woche hatte sich das Bürschchen, das in diesem Haus den ganzen Dreck hinterließ, nicht mehr blicken lassen.

Anscheinend hatte der Zettel, den sie ihm in den Briefkasten geworfen hatte, doch etwas genützt.

Das rote Kleid

Schönheit liegt ja bekanntlich im Auge des Betrachters. Und wer betrachtet uns besonders kritisch? Wir selbst.

Es gibt ein paar seltene Exemplare – meistens handelt es sich um Männer –, die morgens schon nach dem ersten Blick in den Spiegel völlig zufrieden sind. Auch jene Menschen, die über ein gesundes Selbstbewusstsein verfügen und vielleicht noch über eine Portion Humor, nehmen eventuelle Makel gelassen. Aber die meisten unter uns beginnen den Tag mit einigen Betriebsamkeiten für die Selbstoptimierung.

Frauen ganz besonders. Und vor allem junge Frauen geraten in Dauerstress, wenn sie sich allzu sehr mit prominenten Schönheiten vergleichen. Da entscheidet jedes Detail auf dem Selfie, ob man den Ansprüchen genügt. Vor allem, was man trägt, spielt eine wichtige Rolle. Denn wie heißt es schon im Märchen? Kleider machen Leute ...

„Oh nein! Diese Bitch!"

Bella beugte sich vor und wäre um ein Haar übers Balkongeländer gekippt.

Sie zuckte erschrocken zurück. Kein Vampirprinz wäre angeflogen gekommen und hätte ihren Sturz in zehn Meter Tiefe verhindert. Das war schließlich kein Film, und Bella hieß in Wirklichkeit auch Louise Äbischer. Aber sie fand ihren Namen grauenhaft, altbacken, also nannte sie sich Bella.

Wie die Hauptdarstellerin in einer Trilogie über Vampire und Werwölfe. Gleich, nachdem sie den ersten Film dieser Reihe im *Trafo Kino* gesehen hatte – und im Sessel vor Entzücken fast geschmolzen wäre –, bestand sie auf diesem Namen.

„Das ist die romantischste Liebesgeschichte, die ich je gesehen habe!" Sie hatte allen damit die Ohren vollgeschwärmt.

Aber jetzt kochte Bella vor Wut.

Das kann nicht sein! Das würde sie mir nie antun. Nie! Sie wagte einen neuen Versuch. Sie stellte sich auf die Zehenspitzen und schielte um die Trennwand zwischen den Balkonen. Diesmal etwas vorsichtiger.

Sie hatte sich nicht getäuscht. Da flatterte es an einem Kleiderbügel im Wind.

Rot.

Leuchtend, mit schlenkernden Ärmeln.

Kein Stier in der Arena hätte so wütend reagieren können wie Bella beim Anblick dieses Kleides.

„Bitch! Bitch! Bitch!"

Bella schnappte nach Luft. *Das ist mein Kleid! MEINES! Wie kannst du mir das antun?*

Ja, wie konnte sie nur. Ihre beste Freundin, die nebenan wohnte. In der dritten Etage in einem der wenigen Häuser im Martinsbergquartier, in dem eine Wohnung noch bezahlbar war. Gerade noch so, aber immerhin zweieinhalb Zimmer im Zentrum der Stadt.

Bella ließ sich auf den kleinen Hocker plumpsen, der – zusammen mit der Holzkiste, die als Tisch diente – schon fast die ganze Fläche ihres Freiluftzimmers einnahm.

„Miststück!" Mit bebenden Händen zündete sie sich eine Zigarette an.

Vielleicht hat sie das Kleid ja für mich gekauft?

Dieser hoffnungsvolle Gedanke erlosch schneller als das Streichholz in ihrer Hand.

Ganz sicher nicht!

Kylie machte keine Geschenke.

Außer vielleicht zum Geburtstag eine Flasche billigen Prosecco, vom dem sie das meiste dann auch noch selbst trank. Sie war eine totale Egoistin.

Kylie war wie Bella Mitte zwanzig und hieß tatsächlich so. Wie cool war das denn! Wie diese Sängerin. Und wie sie aussah! Hammer.

Sie hatten sich im Treppenhaus kennengelernt und waren noch am selben Abend gemeinsam durch die Bars gezogen. Kylie hatte es doch tatsächlich geschafft, dass Bella während dieser Tour keinen einzigen Rappen ausgeben musste. Die Männer überschlugen sich fast, um ihre Drinks zu bezahlen.

Bella arbeitete tagsüber in einem Schuhgeschäft an der Badstrasse. Eigentlich gerne, aber nachdem Kylie das einen „Scheißjob" genannt hatte, hielt sie Ausschau nach etwas anderem. Obwohl, wenn man es genau betrachtete, Promoterin für Kosmetik – oder wie das genau hieß, was Kylie da machte – war ja jetzt auch nicht etwas so Besonderes.

Immerhin herrschte bei Kylie nie Mangel an Schminke. Make-up, Lidschatten, Puder, Eyeliner, Rouge, Lippenstifte und künstliche Wimpern. Einfach alles, was eine Frau zur Verschönerung braucht, türmte sich in ihrem winzigen Badezimmer und quoll aus den Schubladen der Schlafzimmerkommode. Wenn sie zusammen auf die Piste gingen, brezelten sie sich vorher kichernd und schnatternd bei Kylie drüben auf.

Bella zwirbelte eine Strähne ihrer hüftlangen Haare um den Zeigefinger und kaute darauf herum.

Das war auch so etwas.

Seit ein paar Wochen machte es ihnen Spaß, sich so zu stylen, dass man sie für Schwestern hielt. Die Sache mit den Haaren war am teuersten gewesen, und Bella hatte zuerst in jedem Salon in der Stadt nach dem Preis gefragt. Friseursalons gibt es in Baden ja genügend. Aber die Haare in diesem speziellen Platinsilberblond zu färben und dann noch die langen Strähnen, die Stück für Stück in den eigenen Schopf geknüpft werden mussten …

Himmel, ganze fünf Stunden waren sie im Salon gehockt, und für den Rest des Monats musste sich Bella von Reis ernähren.

Aber die Sache war es wert. Auf der Straße drehten sich jetzt nicht nur die Männer um, wenn sie untergehakt durch die Stadt stöckelten.

Sie trugen, wenn immer möglich, auch dieselbe Kleidung. Nur wenn man genau hinsah, konnte man erkennen, dass Bella ihre Sachen in einer der günstigen Modeketten erstanden hatte. Kylie hatte mehr Geld zur Verfügung und ging auch mal auf Shoppingtour nach Zürich.

Sie könnte sich alles kaufen. Aber nein, sie muss sich genau dieses Kleid unter den Nagel reißen! Bella spuckte die weichgekaute Strähne wieder aus und zündete sich eine weitere Zigarette an.

Bitch!

Sie hatten den zu Stoff gewordenen Traum zusammen im Schaufenster eines alteingesessenen Modehauses in der Badstrasse entdeckt. Dort gab es nur exquisite Fashion, bekannte Labels, und das Preisniveau lag weit über dem, was Bella sich leisten konnte.

Aber dieses Kleid!

Sie hatten beide nicht anders gekonnt, als stehen zu bleiben und es ausgiebig zu bewundern.

„Boah, hast du gesehen? Fünfhundertsechzig Franken!“, sagte Kylie. Das war jetzt auch für ihr Budget zu viel.

Aber dieses Rot!

„Ich muss es haben“, seufzte Bella. „Ich muss dieses Kleid haben!“

„Und wie willst du es bezahlen?“ Kylie kramte ihr Handy aus der Handtasche und machte ein Foto. „Mist, die Schaufensterscheibe spiegelt.“

„Ich spare. Und vielleicht pumpe ich noch meine Tante an.“

Kylie klimperte überrascht mit ihren überlangen Wimpern. „Du meine Güte, dich hat es ja richtig erwischt!“

Sie starrte grübelnd ins Schaufenster. „Aber du hast recht. In diesem Kleid sieht jede Frau wie eine Göttin aus.“

„Bald beginnt doch der Ausverkauf. Vielleicht wird der Preis heruntergesetzt?“ Bella war von diesem Gedanken förmlich elektrisiert.

„Selbst, wenn es dann nur noch die Hälfte kostet, ist das immer noch eine Stange Geld.“

„Egal, ich muss dieses Kleid haben!“ Bella hatte es in einem Ton gesagt, als hinge ihr Leben davon ab.

Das tat es auch in gewisser Weise. Denn sie war sich sicher, in diesem Kleid würde sie Kylie übertrumpfen. In diesem Kleid stünde endlich einmal sie im Mittelpunkt.

Das nagte schon lange an ihr. Die ganze Zeit hatte sie das Gefühl, nur als Kylies Anhängsel betrachtet zu werden. Das Mädchen, das mit eingeladen wurde, weil sie Kylies Freundin war. Und wenn sich dann doch ein junger Mann für sie interessierte, drängte sich Kylie dazwischen, und schon hatten die Kerle wieder nur Augen für sie.

Gestern war es dann tatsächlich so weit gewesen.

Ausverkauf!

Dreihundertsiebzig Franken sollte das Kleid noch kosten.

Bella hatte den ganzen Tag wie auf Nadeln gesessen, die Zeit hatte einfach nicht vergehen wollen. Nach der Arbeit rannte sie über die schiefe Brücke nach *Ennetbaden* und bettelte ihre Tante an. Natürlich verriet Bella ihr nicht den wahren Grund, weshalb sie so dringend Geld brauchte. Und nach einigem Hin und Her konnte sie tatsächlich drei Hunderter in Empfang nehmen.

Außer sich vor Freude stürmte sie kurz vor Ladenschluss in das Modehaus.

Und dann das!

Weltuntergang.

Das Kleid war weg. Verkauft!

„Ein Einzelstück, deshalb können wir Ihnen auch keines mehr nachbestellen", hatte die Verkäuferin mitfühlend geflötet, als sie bemerkte, wie groß der Schock für Bella war.

Und jetzt hing das Kleid da drüben! Gestohlen von Kylie.

Bella schäumte vor Wut.

Wahrscheinlich hat sie es gestern Abend schon getragen. Na klar! Das war also der Grund gewesen, weshalb sie gestern alleine ausgehen wollte.

Ein Treffen mit Arbeitskolleginnen, ha ha!

Wenn Kylie da gewesen wäre, hätte Bella ihr die Augen ausgekratzt. Die Extensions vom Kopf gerissen, bis sie ausgesehen hätte wie ein gerupftes Huhn.

Von wegen, wir sind Schwestern! Eine falsche Schlange bist du. Eine ganz gewöhnliche Diebin!

Und Diebe darf man bestehlen.

Bella sprang auf die Füße und sah sich um. Es war mitten am Nachmittag und weit und breit niemand zu sehen. Die Fenster der umliegenden Häuser waren geschlossen, die Leute noch bei der Arbeit. Und die Kinder in der Schule. Niemand trödelte auf der Straße herum, der bei einem Blick nach oben die Feuerwehr rufen würde.

Bella sah nach unten. Sie litt unter Höhenangst.

Aber für gewisse Dinge musste man über seinen Schatten springen, also schwang sie kurz entschlossen ein Bein übers Geländer. Mit beiden Händen klammerte sie sich an der Kunststofftrennwand fest und schob den Oberkörper seitwärts.

Das geht schon, ich kann das, versuchte sie sich selbst zu beruhigen, als ihr Herz heftig zu klopfen begann. *Nur nicht nach unten sehen!*

Es klappte besser als gedacht. Mit einem erleichterten Seufzer landete sie auf Kylies Balkon.

Dann hielt sie es endlich in den Händen.

Das rote Kleid.

Es fühlte sich genauso an, wie sie es sich vorgestellt hatte. Seidig. Der Stoff glitt durch ihre zitternden Finger, als wäre er ein lebendiges Wesen. Das sich an sie schmiegen wollte.

„Du gehörst mir“, murmelte Bella hingerissen.

Der leichte Geruch von Parfüm und Zigaretten verriet ihr, dass sie richtig vermutet hatte. Kylie hatte das Kleid gestern Abend getragen.

Mit traumwandlerischer Geschicklichkeit kletterte sie zurück auf ihren Balkon. In Gedanken schon bei dem heutigen Abend.

Ihrem Abend!

Sie würde ausgehen und IHR Kleid tragen, und sie würde einfach umwerfend darin aussehen. An Kylie, die heute in Zürich an einer Schulung für eine neue

Kosmetiklinie teilnehmen musste, verschwendete sie keinen Gedanken.

Bella stolperte ins Freie. Aus der Eingangstüre des *„Löschwasserbeckens"*, wo sie drei Stunden lang wild getanzt hatte, folgte ihr das Wummern der Bässe.

Eine super Party war das heute Abend, aber jetzt musste sie sich erst einmal abkühlen. Sie hatte schreckliche Angst, dass der Schweiß, der sich in ihren Achselhöhlen gesammelt hatte, die kostbare Seide ruinieren könnte.

Unter dem nächtlichen Himmel drängten sich mehr als fünfzig Leute und rauchten und redeten. Bella zündete sich eine Zigarette an und genoss die Blicke, mit denen sie gemustert wurde.

Noch nie hatte sie so viel Aufmerksamkeit bekommen wie in diesem Kleid.

„Ist Kylie heute Abend nicht da?"

Bella drehte sich um. Hinter ihr war Lino aufgetaucht. Eigentlich ein netter Kerl, der genau wie sie gerne durch die Bars zog und an fast jeder Party in der Stadt mitmischte.

Aber jetzt reagierte sie sauer. Kylie. Immer nur Kylie!

„Nein", knurrte sie kurz angebunden.

„Das ist auch besser so", sagte Lino und sah sich um. „Kylie sollte in nächster Zeit gut aufpassen."

„Und wieso?"

„Sie hat ziemlichen Mist gebaut."

„Ach ja?" Bella versuchte, möglichst desinteressiert zu klingen.

„Und wie! Ich sag dir, der King bringt sie um, wenn er sie erwischt."

Jetzt schaffte es Bella nicht mehr, so zu tun, als interessiere sie das nicht. Sie platzte fast vor Neugierde.

Der King – so wurde er eigentlich von allen genannt – war ein gutaussehender junger Mann, der seine Wurzeln in irgendeinem südlichen Land hatte. Bella hatte keine Ahnung wo er aufgewachsen war, sie wusste nur eines.

Der King sah aus wie ein Gott.

Und er führte sich auch so auf. Groß, muskulös, mit schwarzen Haaren und einem siegessicheren Grinsen im Gesicht, setzte er seinen Willen durch. Wenn es sein musste, mit unverhohlenen Drohungen. Ein Macho, wie er im Buche stand.

Ein Typ, der davon ausging, dass ihm die Frauen zu Füßen lagen.

In den meisten Fällen war das auch so. Aber Bella konnte ihn nicht ausstehen. Das war eine der wenigen Ausnahmen, bei denen sie froh war, dass Kylie die ganze Aufmerksamkeit auf sich zog.

Der King hatte etwas, das ihr Angst einflößte.

„Lass die Finger von diesem Kerl“, hatte sie Kylie gewarnt, als sie anfing, heftig mit ihm zu flirten.

„Ich zähme jede Bestie, das weißt du doch“, hatte ihr Kylie kichernd ins Ohr geflüstert.

Das war typisch für ihre Freundin. Kylie war von sich selbst so überzeugt, dass sie glaubte, sich alles erlauben zu können.

Und für Kylie war es wieder ein Test gewesen. Ein neues Spiel, bei dem sie ausprobieren konnte, wie weit sie gehen konnte. Letzte Woche war sie mit dem King im Bett gelandet.

Aber diesmal hatte sie Bella, ganz anders als sonst, kaum etwas darüber erzählt.

Bella war sich sicher, dass Kylie das gleich bereut hatte, denn sie machte seitdem einen großen Bogen um den King und seine Clique.

„Und weshalb ist er so wütend auf Kylie? Was hat sie denn getan?“ Bella rückte näher zu Lino, damit ihr in dem Lärm auf dem Platz, nur ja kein Wort entging.

„Was sie getan hat?“ Lino schnaubte. „Sie hat ihm Hörner aufgesetzt, das hat sie getan! Und glaub mir, so was macht keine Frau mit dem King!“

„Ich verstehe nicht, ich …“ Bella war verwirrt. „Ich wusste ja gar nicht, dass sie überhaupt eine feste Beziehung haben. Ich dachte eigentlich …“

„Da gibt es nichts zu denken. Der King bestimmt, wann es aus ist. Gestern Abend hat er Kylie beobachtet, wie sie sich an einen anderen Kerl geschmissen hat und sich von ihm hat abschleppen lassen. Der King ist total am Ausflippen, glaub mir. Und er hat gesagt, dass er diese Schlampe umbringt, wenn er sie erwischt!“

Bella riss entsetzt die Augen auf. Oh Gott! Ich habe sie doch gewarnt, dass sie sich nicht mit so einem …

Plötzlich kamen ihr ganz andere Gedanken.

Ja, sie hatte Kylie gewarnt, aber Kylie hatte natürlich nicht auf die dumme, naive Bella gehört. Die ja sowieso keine Ahnung hatte! Vielleicht war es ganz gut, wenn Kylie jetzt einmal so richtig Ärger bekam.

Vielleicht ist sie dann in Zukunft nicht mehr so arrogant und überheblich, dachte Bella voller Schadenfreude.

„Himmel! Da gibt es nichts zu grinsen!“, fauchte Lino. „Der King meint das todernst, glaub mir.“ Er schüttelte den Kopf und seufzte. „Weiber, verstehe einer die Weiber. Ich dachte, du bist ihre Freundin? Meine Güte! Mir ist ein Stein vom Herzen gefallen, als ich gemerkt habe, dass ich dich vorhin zuerst mit Kylie verwechselt habe und sie sich nicht hier herumtreibt. Ich bin ganz sicher, der King schaut hier heute auch noch vorbei.“

Er musterte Bella. „Was soll das eigentlich, dieser Zwillingslook? Dieselbe Frisur, und dann tragt ihr auch noch die gleichen Kleider. Gestern Abend hat Kylie auch so einen roten Fetzen getragen. Kauft ihr immer alles doppelt, oder was?“

Also doch. Ich habe richtig vermutet!

Der letzte Rest Mitleid, den Bella eben noch für Kylie empfunden hatte, löste sich in Luft auf.

Hoffentlich verprügelt er sie!

„Oh Mist, da kommt er. Ich wusste es!“ Lino deutete mit einer Kopfbewegung Richtung Unterführung. „Ich glaube, es ist besser, wenn du verschwindest.“

„Ja, mach ich“, sagte Bella, ohne sich umzudrehen.

Sie hatte nicht die geringste Lust, sich von diesem Idioten mit Fragen über ihre Freundin löchern zu lassen. Sie wollte auf keinen Fall in die Sache hineingezogen werden.

Denn sie hatte Angst.

Angst davor, was dieser Mann mit ihr tun könnte, wenn er seine Wut nicht an Kylie auslassen konnte.

„Tschüss, Lino.“ Sie drängte sich eilig durch die Menschenmenge.

Auf der Treppe gab es fast kein Durchkommen, und als sie es endlich in den kleinen Tunnel vor dem Kulturcafé geschafft hatte, versuchte sie, schneller zu laufen.

Aber mit diesen Absätzen?

Sie überlegte kurz, ob sie die Schuhe ausziehen sollte. Doch barfuß in der Dunkelheit, wenn man kaum sah, wo man hintrat?

Sie entschied sich dagegen und bog in die Martinsbergstrasse ab.

In den Häusern brannte nirgends mehr Licht. Kein Wunder, es war ja schon sehr spät. Nur vereinzelt flackerte hinter den Fenstern noch der Widerschein von Fernsehgeräten.

Nicht mehr weit, dachte sie und kramte, während sie immer schneller durch die Nacht lief, in ihrer Handtasche nach den Schlüsseln.

Inzwischen hatte sie richtig Angst.

Es war so unheimlich still, und in dieser Stille klapperten ihre Absätze unnatürlich laut.

Es passierte ganz plötzlich.

Sie hätte sich nur ein einziges Mal umdrehen müssen, dann hätte sie ihn gesehen.

Jetzt war es zu spät.

Lautlos wie ein Geist hatte er sich angeschlichen, und nun schlossen sich seine kräftigen Hände von hinten um ihren Hals.

Bella ließ die Tasche fallen und packte seine Finger. Verzweifelt versuchte sie sich zu befreien.

Er drückte zu, und Bella schlug wild um sich.

Sie wollte schreien, aber er presste sie an sich und hielt ihr den Mund zu.

„Ich habe es dir doch geschworen“, flüsterte seine Stimme an ihrem Ohr. „Hast du es vergessen? Hast du geglaubt, ich mache nur Spaß? Keine Frau betrügt mich und lässt mich einfach sitzen.“

Umdrehen, dachte Bella und rang verzweifelt nach Luft. Ich muss mich umdrehen, damit er erkennt, dass er einen schrecklichen Fehler begeht!

Sie schaffte es nicht.

Sie griff nach hinten und versuchte, ihm mit den langen Fingernägeln das Gesicht zu zerkratzen. Er bog den Kopf zur Seite und ließ nicht locker.

Ich bin nicht Kylie!

Es war nur ein dumpfes Murmeln hinter seiner Hand.

„Was hattest du denn noch vor in dem aufreizenden Fetzen? Wolltest du mir wieder Hörner aufsetzen?

Wirklich sexy, dieses rote Kleid. Aber jetzt wirst du lernen, dass man den King nicht betrügt.“

Bella hätte Kylie das Kleid jetzt von Herzen gegönnt …

Sturzflug

Wie haben Sie den Sommer 2019 überstanden? Als das Thermometer tagelang bei neununddreißig Grad verharrte?

Wenn man in der glücklichen Lage ist, bei solchen Temperaturen nicht arbeiten zu müssen, hat man ja ein paar Möglichkeiten, der Hitze zu entfliehen. Ein Bad im Limmatwasser im Kappisee, oder man stürzt sich ins Getümmel eines Schwimmbads. Man kann sich aber auch hinter geschlossenen Rollläden verbarrikadieren und erst abends den Tag beginnen.

Doch die arbeitende Bevölkerung kann davon nur träumen, und je länger die verschwitzte Kleidung am Körper klebt, desto dünner wird das Nervenkostüm. Da reicht dann schon eine Kleinigkeit, um aus der überhitzten Haut zu fahren ...

Eigentlich macht mir die Hitze ja nichts aus.

Aber ich muss sagen, heute ist das selbst mir fast zu viel. Ich fühle mich träge und kann mich kaum aufraffen. Aber ich kann doch nicht ewig hier sitzen bleiben!

Es ist nicht viel los an diesem Nachmittag in der Stadt. Die wenigen Passanten schleichen an den Hauswänden entlang, es zählt jeder Zentimeter im Schatten. Die Gartenstühle vor den Lokalen bleiben leer, denn unter den Sonnenschirmen staut sich die Hitze wie unter einer Glocke.

Heute Abend wird sich das wieder ändern. Obwohl es auch nachts nicht viel kühler wird, brummt und summt es in Baden um diese Tageszeit. Da drängeln sich die Frauen in luftigen Kleidchen und die Männer in kurzen Hosen um die Lokale, wo man die Gäste draußen bewirtet. Und jeder kann sich glücklich schätzen, der noch einen freien Stuhl unter dem nächtlichen Himmel ergattert.

Apropos Lokale, ich denke, ich mache noch einen Abstecher in das Restaurant *Roter Turm*. Man isst dort sehr gut, und es liegt ja auf meinem Heimweg.

Leer, das Lokal ist leer! Du meine Güte!

Eigentlich kein Wunder um diese Zeit, fast schon zwei Uhr nachmittags, aber ich setze mich trotzdem mal in eine Ecke.

Ein junger Kellner läuft stirnrunzelnd an mir vorbei, was wohl bedeutet, dass die Küche tatsächlich schon geschlossen hat.

Na schön, bei dieser Hitze habe ich ohnehin keinen richtigen Appetit. Ich werde später etwas essen.

Zu Hause im Treppenhaus könnte man glauben, jemand habe die Heizung aufgedreht, so warm und stickig ist es.

Und dann steht auch noch die Wohnungstüre offen!

Der gute Mann denkt wohl, so könne er die Hitze aus der Wohnung vertreiben. Lächerlich.

Wo steckt er eigentlich?

Egal, ich bin so geschafft, dass ich mich erst mal in den Sessel setze. Puh, es ist heute echt nicht zum Aushalten.

Alle zwanzig Sekunden streift mich der Luftzug des Ventilators, der surrend in der Ecke steht und außer Unruhe gar nichts bringt.

Eine Wohnung im Dachgeschoss in einem der Altstadthäuser mag romantisch sein, aber im Sommer könnte man sich genauso gut in einen Backofen setzen.

Wo steckt er denn?

Ah, ich höre Wasser plätschern. Mal wieder unter der kalten Dusche also. Wenn diese Hitzewelle nicht bald endet, wird es noch Probleme geben.

Die Katze kommt angeschlichen und bemerkt mich gar nicht. Zielstrebig steuert sie zum Küchenschrank, vor dem ihre Futternäpfe stehen. Das Schälchen mit dem Wasser ist gefüllt, aber das rote Töpfchen, in dem sie ihr Dosenfutter serviert bekommt, ist weggeräumt.

Tja, Pech gehabt, meine Liebe!

Er räumt wegen der Hitze jetzt immer alles weg. Sonst ist er ja nicht so ordentlich, aber nun stehen in der ganzen Wohnung keine Lebensmittel offen herum. Nicht mal mehr einen Apfel lässt er liegen.

Allerdings erst seit ein paar Tagen. Seit dem Nachmittag, an dem eine Armee von Ameisen in gerader Linie die Hauswand erklommen hat, durch ein Loch in der Fensterabdichtung marschiert ist und den Futternapf geentert hat.

Eigentlich eine bewundernswerte Leistung dieser kleinen Tierchen, schließlich liegt die Wohnung im vierten Stock.

Aber da war vielleicht was los, als er nach Hause kam und die krabbelnden Heerscharen entdeckt hat!

Er hat losgebrüllt und ist wie von der Tarantel gestochen durchs Zimmer gehüpft. Dann ist er mit einem Besen aufgetaucht. Ich habe mich darüber gewundert, dass er überhaupt wusste, wo er ihn findet. Vom Putzen hält er ja nicht so viel.

Das Resultat seiner mit Flüchen untermalten Bemühungen war, dass er die Ameisen im ganzen Raum verteilt hat. Ich dachte schon, ihn trifft demnächst der Schlag, als er den Besen in die Ecke schleuderte, aus der Wohnung stürmte und die Holzstufen hinunterpolterte.

Die überlebenden Ameisen betasteten kurz ihre dahingeschiedenen Kameraden und machten sich sofort wieder übers Katzenfutter her.

Sie konnten ja nicht ahnen, dass das ihre Henkersmahlzeit war.

Er kam mit einer riesigen, gelben Dose aus der Drogerie zurück und vernebelte wie von Sinnen die ganze Wohnung. Das Zeug stank bestialisch, und ich befürchtete, dass er selbst bald tot umfallen würde.

Fluchtartig verließ ich die Wohnung und rettete mich ins Treppenhaus.

Wo es eine Weile dauerte, bis sich meine Kopfschmerzen wieder verzogen hatten.

Und seitdem herrscht Ordnung. Jedenfalls in Bezug auf Lebensmittel.

Ah, da kommt er ja.

Tapst barfuß, immer noch tropfend und mit nassen Haaren ins Zimmer, während ihm die Katze kläglich miauend um die behaarten Waden streicht.

„Ja doch, ja doch", murmelt er gereizt, während er mit einer Hand den Kühlschrank öffnet und mit der anderen das Handtuch festhält, das er um seine Hüften geschlungen hat.

Ziemlich schamhaft, dieser Mann. Außer der Katze und mir kann ihn ja niemand sehen.

Vielleicht hat er ja Angst, er könnte sich erkälten!

Ich kann mir ein Lachen nicht verkneifen, und jetzt schaut er zu mir rüber.

Zur Salzsäule erstarrt, den streng nach Fisch riechenden Futternapf in der Hand.

Wenn Blicke töten könnten.

„Verflucht!", brüllt er, und ich zucke zusammen und flüchte in eine Ecke.

Hat der Mann heute wieder schlechte Laune!

Zum Ärger der Katze stellt er den Napf wieder in den Kühlschrank und knallt die Tür zu.

Dann reißt er sich das Handtuch von den Hüften und schlägt damit nach mir.

Also ich muss doch schon sehr bitten, was soll denn das? Nur schon allein sein Anblick hat ja gereicht, dass ich die Flucht ergreife. Er muss doch nicht gleich tätlich werden!

Ich quetsche mich hinters Sofa.

Ziemlich staubig hier, wie gesagt, mit Putzen hat er es nicht so.

Ich dachte, jetzt bin ich in Sicherheit, aber nein, er zerrt doch tatsächlich das abgewetzte, alte Ding von der Wand hervor.

Mir wird ganz mulmig, als er mich zornig anstarrt.

Er ist verrückt geworden, übergeschnappt!

Das muss diese Hitze sein. Die Leute drehen völlig durch!

Bevor er mit dem Handtuch wieder zuschlagen kann, rette ich mich in die Ecke neben das Büchergestell.

Er liest, müssen Sie wissen. Ziemlich viel. Dass muss er, wenn er im nächsten Semester nicht von der Uni fliegen will.

Huch! Also, für diese Bescherung kann ich jetzt aber wirklich nichts!

Das Gestell wackelt, und die Bücher fallen ihm polternd vor und auf seine Füße, weil er wieder blindlings zugeschlagen hat.

Sein Gesicht nimmt eine unnatürlich rote Farbe an, und ich glaube, es wäre an der Zeit, einen Arzt zu rufen.

Ich will Sie jetzt nicht in Verlegenheit bringen und die ganzen Flüche wiederholen, die er von sich gibt, während er aus dem Trümmerhaufen seiner gebundenen Schätze steigt.

Ich verziehe mich in den Flur und hoffe, dass er sich beruhigt, wenn er mich nicht mehr sieht.

Ach, hallo, meine Liebe!

Die Katze hat offenbar ebenfalls die Flucht ergriffen und mustert mich beleidigt. Sie ist anscheinend der Meinung, dass ich sie um ihr Futter und ihre Ruhe gebracht habe.

Mit hoch erhobenem Schwanz schlendert sie durch die offene Wohnungstüre und die Stiege hinunter.

Ja, geh nur. Vielleicht findest du eine Maus. Viel Glück!

Eine Zehntelsekunde später, und ich wäre tot gewesen.

Ich habe mich so auf die Katze konzentriert, dass ich nicht bemerkt habe, wie er sich angeschlichen hat.

Jetzt reicht es mir aber mit diesem Wahnsinnigen!

Völlig derangiert, sause ich kreuz und quer durch den Flur. Ich schwanke im Luftzug, der mich aus dem Gleichgewicht bringt, weil er brüllend das Handtuch schwingt und mich zu treffen versucht.

Da! Die Stiege.

Ich rette mich, vor Empörung laut surrend, über das Geländer und drehe mich in der Luft nach ihm um.

Genau in dem Moment, in dem er wieder weit ausholt, das Gleichgewicht verliert und vornüberkippt.

Nackt, wie Gott ihn schuf, segelt er vier Stockwerke im Sturzflug nach unten. Das Handtuch immer noch umklammert.

Schade um ihn. Ich habe ihn eigentlich gemocht.

Denn ich dachte, er könne keiner Fliege etwas zuleide tun.

Gelernt ist gelernt

Sind Sie auch schon einmal übers Ohr gehauen worden? Auf Lügen hereingefallen oder haben leeren Versprechungen geglaubt? Ja, bestimmt. Wer nicht.

Und wie sind Sie damit umgegangen? Sind Sie wütend geworden, waren Sie nachtragend oder haben Sie sich sogar gerächt? Wäre ja nur menschlich. Und damit kommen wir zu Moritz Werder, eigentlich ein herzensguter Mann, immer korrekt und verständnisvoll. Aber eben auch nur ein Mensch ...

„Ich habe es getan“, sagte Moritz zu den rot leuchtenden Blumen.

Seine Kniegelenke protestierten, als er sich zu dem Grab hinunterbeugte und ein vorwitziges Löwenzahnblatt auszupfte.

Ja, die Knie.

Man hatte ihm zu einer Operation geraten, aber er war sich nicht sicher, ob sich das mit siebenundachtzig Jahren auf dem Buckel noch lohnen würde. Heutzutage wurden ja fast noch auf dem Sterbebett Ersatzteile eingebaut, aber Moritz betrachtete das Kantonsspital Baden lieber von außen. Einen Marathon zu laufen stand sowieso nicht auf seiner Liste. Und so lange er sich noch einigermaßen bewegen konnte, wollte er sich mit dem Gedanken, auf einem Operationstisch zu liegen, lieber nicht beschäftigen.

„Ich weiß, du hättest es nicht gutgeheißen, aber ich konnte nicht anders. Ich habe es getan.“

Moritz sah schuldbewusst auf den Grabstein, als könne sie ihn dadurch sehen wie durch ein Fenster.

Annelie.

Jetzt war es fast drei Monate her, seit man sie hier beerdigt hatte. Annelie hatte ihm alles genau aufgeschrieben, wie sie sich das wünschte. Auch diesen teuren Grabstein hatte sie schon bestellt. Ihr letztes Geld ausgegeben, nur damit sie hier auf dem Friedhof Liebenfels einen schönen Platz bekam.

Annelie.

Wenn sie doch nur mit ihm geredet hätte. Ihm vertraut.

Aber sie hatte sich zu sehr geschämt.

Das stand in ihrem Abschiedsbrief, der ihn erreicht hatte, als es zu spät gewesen war. Ja, geschämt hatte sie sich, zu stolz war sie gewesen, und vor allem hatte sie Angst gehabt. Geradezu Panik davor, eines Tages mittellos und pflegebedürftig in einem Heim zu landen. Abgeschoben in einem Viererzimmer hilflos darauf zu warten, dass jemand vom völlig überforderten Personal kurz vorbeischaute.

Nein, aus ihrer Sicht hatte sie alles richtig gemacht.

„Ach, Annelie.“ Moritz richtete sich seufzend auf und massierte sich den Rücken. Auch so eine Stelle, die sich in letzter Zeit quasi in den Vordergrund drängte, um sich bemerkbar zu machen.

„Soll ich es dir erzählen?“ Er sah sich um.

Weiter hinten am Waldrand spazierte ein alter Mann mit einer Gießkanne in der Hand an den Gräbern vorbei. Er konnte ihn unmöglich belauschen, und selbst wenn, seltsame Selbstgespräche waren an diesem Ort gewiss nichts Ungewöhnliches.

Und Annelie würde ziemlich sicher nicht aus dem Grab steigen.

Leider.

Sie hatten so wenig Zeit zusammen gehabt. Moritz dachte an ihre erste Begegnung vor einem Jahr.

Also eigentlich war es eine Art Unfall gewesen.

An einem Dienstag. Dem zweiten im Monat. Dem Tag, an dem die Migros Senioren einen Rabatt von zehn Prozent auf alle Produkte gewährt.

Schon im Metroshop ahnte er, was ihn erwarten würde. Und es war wie immer.

Ein Getümmel, und schon beim Eingang bei den Früchten alles blockiert. Hier ging es nicht nur um vergünstigte Lebensmittel, sondern um sozialen Austausch.

Während er mit seinem Einkaufswagen einen Pulk Grauhaariger umrundete, die sich lautstark über den neuen, absolut unfähigen Wanderleiter der Seniorengruppe beklagten, und von der anderen Seite noch mitbekam, dass das Käthi immer noch im Spital lag, krachte es.

Er hatte sie völlig übersehen.

Genauer gesagt, ihren Einkaufswagen, und nun stand sie eingeklemmt vor dem Regal mit den Äpfeln und versuchte, das Gleichgewicht zu halten.

„Jesses! Entschuldigung!“ Er zerrte seinen Wagen zurück, und sie holte hörbar Luft. Dann lächelte sie.

Genau in dem Augenblick war es um ihn geschehen. Funkelnde, grüne Augen. Rotbraune Löckchen mit einem verräterischen grauen Ansatz.

Ganz ungezwungen kamen sie ins Gespräch. Annelie war nicht viel jünger als Moritz, aber die Jahre spielten keine Rolle. Wie sich herausstellte, war auch sie verwitwet. Er lud sie als Entschuldigung für den blauen Fleck zu einem Kaffee ein. Und sein Herz klopfte wie damals, als er sich in seine Frau verliebt hatte.

Natürlich war es nicht mehr dasselbe, diese Zeiten waren längst vorbei. Aber sie unternahmen viel gemeinsam, und plötzlich machten selbst die einfachsten Dinge wieder Spaß. Er putzte seine kleine Wohnung bis in die letzte Ecke, als sie sich zum ersten Mal bei ihm zu Hause verabredeten. Bis dahin hatten sie sich im *Café Himmel* oder auf dem Schlossbergplatz im *Café Moser* getroffen.

Sie hatte zuerst gezögert, diese Einladung anzunehmen. Annelie war eine Dame. Eine angesehene Frau, die darauf achtete, was man in der Stadt über sie dachte.

Oder redete.

Reden könnte.

Und genau deshalb hatte sie sich schließlich umgebracht. Weil sie sich geschämt hatte, dass sie so dumm gewesen war. Weil sie nicht mehr gewusst hatte, wie sie ihr Leben von ihrer kleinen Rente bestreiten sollte.

Moritz war in ein so tiefes Loch gefallen, dass er tagelang darauf gewartet hatte, endlich auf dem Grund aufzuschlagen. Einen Schmerz zu spüren, der ihn wissen ließ, dass er überhaupt noch am Leben war.

Er hatte das Gefühl, dass er immer noch nicht unten angekommen war. Und doch.

Jetzt fühlte es sich anders an.

Der Wind strich über die Blüten, als liebkoste er sie. Fleißige Lieschen, die das ganze Grab überwucherten, weil Moritz sie wöchentlich düngte.

Aber Annelie mochte das, da war sich Moritz sicher. Nur das, was er ihr jetzt beichten musste, würde ihr nicht gefallen.

Aber er erzählte es ihr trotzdem ...

„Es hat mir das Herz gebrochen, dass ich sie verloren habe, kaum, dass ich sie endlich gefunden habe“, sagte Tiziana und griff über den Küchentisch nach seiner Hand.

Moritz widerstand der Versuchung, die Hand zurückzuziehen, und musterte ihr Gesicht.

Vor Kummer verzogen, die Augenlider gesenkt, wartete sie auf eine Erwiderung.

„Ja.“ Er starrte auf ihre Hände, die sie über seine Faust gelegt hatte.

Gepflegt, die Nägel perfekt gefeilt und rot lackiert, aber keinen Schmuck. Nur eine billige Plastikuhr am Handgelenk.

Sie war schlicht und einfach gekleidet, man konnte sehen, dass sie sich keinerlei Luxus leisten konnte.

Er konnte an dem leichten Zucken ihrer Finger spüren, dass sie unruhig wurde. Irritiert war von seiner kurz angebundenen Antwort.

„Ich vermisse sie“, murmelte er.

„Annelie hat mir so viel von Ihnen erzählt! Sie hat Sie wirklich geliebt, glauben Sie mir!“, rief Tiziana in völlig übertriebener Lautstärke.

Als wäre er schwerhörig.

Er zog die Hand zurück. Moritz spürte, wie ihm übel wurde.

„Ich mach uns einen Tee“, sagte er und rappelte sich vom Stuhl hoch.

„Soll ich Ihnen helfen? Das mach ich doch gerne!“ Tiziana sprang auf. Sie war nervös, das war nicht zu übersehen.

„Nein, nein, so tatterig, dass ich nicht mal mehr Tee kochen könnte, bin ich dann doch noch nicht.“

„Aber nein!“ Sie wedelte entsetzt mit den Händen. „So habe ich das doch nicht gemeint. Sie sind topfit … also ich finde, für ihr Alter sind Sie ein beeindruckender Mann.“

Er hatte sie aus der Fassung gebracht. Moritz drehte sich um und grinste in seinen nicht vorhandenen Bart.

„Setzen Sie sich einfach wieder hin. Ich mach das schon. Sie könnten auch ins Wohnzimmer gehen. Dort ist es gemütlicher.“

„Ja, das mache ich. Gemütlich ist immer gut, und da kann ich mir gleich noch Ihre schönen Bilder anschauen, wenn Sie nichts dagegen haben.“

„Natürlich nicht. Schauen Sie.“

Er sah ihr nach, wie sie auf ihren hohen Sandaletten davonstöckelte.

Wie alt mag sie wohl sein, überlegte er, während er die Tassen und Unterteller aus dem Geschirrschrank kramte.

Mitte dreißig oder so. Vielleicht aber auch viel älter. Schwierig zu sagen bei der dicken Schicht Schminke, die über ihrem Gesicht lag.

Aber eigentlich spielte ihr Alter nicht die geringste Rolle. Sein Entschluss war gefasst, und was auch immer sie jetzt noch sagen oder tun würde, nichts würde daran etwas ändern.

Es dauerte, bis er den Tee aufgebrüht, in zwei Tassen gegossen und sorgfältig auf dem Tablett platziert hatte. Er musterte das Arrangement kritisch.

Da fehlt noch etwas, dachte er.

Und da fiel ihm die Packung *Badener Steine* ein, die angebrochen im Kühlschrank lag. Eine Sechserpackung – und genau noch zwei dieser mit Kirschwasser getränkten, süßen Spezialität, waren noch übrig.

Annelie war geradezu süchtig danach gewesen.

Passt perfekt!

Er legte je eine der großen Pralinen auf die Unterteller, nicht zu nahe an die Tassen, damit der Schokoladenüberzug nicht schmolz.

„So“, sagte er laut vernehmlich, bevor er das Wohnzimmer betrat. „Der Tee ist fertig.“

Was immer sie darin gerade machte, er wollte sie nicht dabei erwischen.

Tiziana drehte sich nach ihm um. Sie stand vor der Wand, die fast völlig bedeckt war mit Gemälden. Alles Originale. Früher war das seine Leidenschaft gewesen. Bilder zu kaufen, und wenn immer möglich solche, die irgendetwas mit der Stadt Baden zu tun hatten. Sei es das Sujet oder der Künstler selbst.

Das war lange vorbei, und jetzt fragte er sich, was aus dieser Sammlung einmal werden sollte.

Wenn er dann sein Rendezvous im Jenseits hatte.

„Wunderschön! Einfach ganz wunderschön. Annelie hat mir von Ihrer Sammlung erzählt, wissen Sie?“

Ja, hat sie das? dachte er, während er die Tassen auf dem Salontisch platzierte.

Er ließ sich in den Sessel fallen, in dem er seit neuestem seine schlaflosen Nächte verbrachte.

„Kommen Sie, setzen Sie sich. Der Tee wird ja kalt.“ Er deutete auf das Sofa. Tiziana griff zuerst nach dem *Badener Stein*.

„Oh, das schmeckt aber sehr gut!“ Sie leckte sich die Lippen ab, und dann trank sie einen großen Schluck Tee.

Moritz lächelte zufrieden. Ja, das hatte er sich gewünscht. Dass es ihr schmeckte.

Auf dich, Annelie, dachte er und hob die Tasse.

„Also …, also machen wir es nun wie besprochen?“, fragte Tiziana. Sie sah auf ihre Armbanduhr. „Sie wissen ja, ich müsste jetzt langsam gehen.“

„Ja natürlich, Ihr Termin beim Arzt, ich habe es nicht vergessen.“

Tiziana wischte sich über den Mund. „Ja, wirklich ärgerlich, dass ich Sie nicht begleiten kann. Aber wir treffen uns dann bestimmt danach?“

„Wie abgemacht.“ Moritz klopfte sich energisch auf die Schenkel und stand auf.

Tee- und Plauderstunde beendet.

Und er war froh darüber.

„Um spätestens drei Uhr habe ich alles erledigt, und ich warte auf Sie auf einer Bank auf dem Theaterplatz. Ungefähr dort, wo das Schachspiel steht“, sagte er.

Tiziana strahlte ihn an. „Ach, ich werde Sie ganz bestimmt finden.“ In ihren Augen sammelten sich Tränen, und jetzt passierte das, was er befürchtet hatte. Sie machte einen Schritt nach vorne und schlang die Arme um ihn.

Er hasste es, von ihr angefasst zu werden.

„Danke, danke!“, schluchzte sie an seinem Hals, während er wie versteinert mit hängenden Armen dastand.

„Danke, ich werde es wiedergutmachen, ich verspreche es! Ich habe auch Annelie versprochen, dass ich so schnell wie möglich …“

Sie schniefte laut an seinem Ohr, und er verlor fast die Beherrschung. „Ja, das weiß ich doch“, sagte er unwirsch. Er packte ihre Oberarme und schob sie von sich weg.

Mit weit aufgerissenen Augen starrte sie ihn an. Ihre Wimperntusche war verschmiert, und über die Wangen schlängelten sich schwarze Linien.

„Sie wissen wahrscheinlich gar nicht, wie viel ich …, *wir* Ihnen zu verdanken haben. Meine Kinder, Jesus, wir würden auf der Straße stehen!“

Ja, die Kinder. Ein Mädchen und ein Junge. Sie hatte ihm Fotos von ihnen gezeigt. Hübsche Kinder. Er konnte sich die beiden gut vorstellen, wie sie von irgendwelchen Werbeplakaten lächelten.

„Schon gut. Aber wie gesagt, mehr als fünfzig kann ich nicht.“

„Das ist doch völlig in Ordnung. Das ist mehr, als ich zu hoffen wagte. Es wird uns retten.“ Tiziana griff nach ihrer Handtasche und warf ihm eine Kusshand zu. „Bis nachher!“

Ihr Lächeln wirkte gezwungen und plötzlich sah sie um Jahre älter aus. Als hätte er die Frau unter der Schminke sehen können.

Moritz spazierte durch den Metroshop und betrat den Schalterraum der Aargauischen Kantonalbank. Er ging immer zum Schalter, wenn er Bargeld brauchte. Er wechselte lieber ein paar nette Worte mit den Angestellten, statt sich vor einen Geldautomaten zu stellen.

Ein junger Mann lächelte ihm freundlich entgegen. Er war wirklich sehr jung und wirkte nervös. Anscheinend war das heute das erste Mal seit Beginn seiner Lehrzeit, dass er direkten Kundenkontakt hatte.

„Haben Sie einen Ausweis dabei?“, fragte er, als Moritz ihm erklärt hatte, wie viel er abheben wollte.

„Ja, natürlich.“ Moritz lächelte und kramte in seinem Geldbeutel.

„Ach, lass nur. Das ist der Herr Werder, ich kenne ihn. Das ist schon in Ordnung.“ Die ältere Kollegin, die den Lehrling betreute, war aufgetaucht. Sie kannten sich noch aus der Zeit, als Moritz sein eigenes Geschäft hatte.

„Ganz gewissenhaft, der junge Herr. Sie machen das sehr gut“, lobte er.

Der Lehrling strahlte übers ganze Gesicht, und dann zählte er laut die Geldscheine, bevor er sie Moritz entgegenschob.

„Zehn, zwanzig, dreißig, vierzig, fünfzig. Bitte sehr.“

„Stimmt genau, vielen Dank, junger Mann, und weiter so.“

Moritz verstaute die Scheine und verabschiedete sich. Vor dem Eingang blieb er stehen und sah auf seine Armbanduhr. Er war viel zu früh dran, aber das machte nichts.

So oder so, das Ende würde er nicht verpassen.

Die Hände in den Hosentaschen, spazierte er Richtung Theaterplatz. Beim Blumenladen blieb er kurz stehen und nahm sich vor, sich auch wieder einmal einen Strauß zu gönnen.

Als Annelie noch lebte, hatte er ständig Blumen gekauft.

Morgen, dachte er. Heute passt es nicht. Heute werde ich mir mal wieder einen Zigarillo erlauben.

Er hatte schon lange aufgehört zu rauchen, aber jetzt brauchte er das. Er hoffte, dass seine Hände nicht anfingen zu zittern.

Aber er war völlig ruhig, als er auf der Bank saß und die erste Rauchwolke in den Himmel pustete.

Moritz sah sich um. Es waren nicht viele Leute unterwegs an diesem Nachmittag. Eine junge Mutter schob eilig ihren Kinderwagen über den Platz, und an der Ecke, bei der Buchhandlung *Librium*, diskutierten zwei Frauen vor dem Schaufenster.

Beim Eingang zum Parkhaus entdeckte er sie.

Tiziana. Sie war auch zu früh dran.

Arzttermin, ja sicher. Ein Teil des Märchens.

Er machte keinerlei Anstalten sich bemerkbar zu machen, und beobachtete sie. Es schien ihr nicht gut zu gehen.

Sie stand vornübergebeugt und stützte sich mit einer Hand an der Wand ab. Sie schwankte, als hätte sie getrunken.

Das hatte sie ja auch.

Und der Tee scheint ihr nicht gut zu bekommen, dachte Moritz und wartete darauf, dass sich sein Puls beschleunigte. Er spürte nichts außer einer inneren Kälte, die sich aber gut anfühlte.

Tiziana taumelte über den Platz. Ihr Gesicht war kalkweiß, und sie griff mit den Händen ins Leere, als wolle sie sich irgendwo festhalten. Ihr rechter Fuß knickte um, und sie stürzte zu Boden.

Sie rief etwas, das er nicht verstehen konnte.

Die beiden Frauen kamen angerannt und drehten Tiziana auf den Rücken.

Aus der Nähe musste sie elend aussehen, denn eine der Frauen stieß einen Schrei aus und riss ein Handy aus ihrer Handtasche.

Plötzlich tauchten noch mehr Leute auf und umringten sie.

Tiziana.

Die Frau ohne Gewissen.

Ein durchtriebenes, kaltblütiges Monster.

Eine Mörderin!

Ja, das bist du. DU, du bist schuld daran, dass Annelie tot ist! Jetzt begannen seine Hände doch zu zittern, und Moritz ließ den Zigarillo fallen.

Du hast es nicht anders verdient!

Während er die Passanten beobachtete, die ziemlich ungeschickte Versuche starteten, Tiziana zu helfen, dachte er an den Brief.

Annelies letzte Zeilen, die er Dutzende Male fassungslos und kochend vor Wut gelesen hatte.

Annelie war auf eine Betrügerin hereingefallen. Hatte nur allzu gerne geglaubt, dass unverhofft jemand aus ihrer Verwandtschaft – die sich vor Jahrzehnten in alle Winde verstreut hatte – den Weg zu ihr gefunden hatte. Ganz zufällig auf ihren Namen gestoßen war und sich als Einzige seit ewigen Zeiten gemeldet hatte.

Sie war entzückt gewesen von der netten jungen Frau und den Fotos der Kinder. Annelie hatte es kaum erwarten können, sie kennenzulernen. Und Tiziana hatte sie sofort eingeladen, zu ihnen zu kommen. In das große Haus in der Nähe von Como.

Beim zweiten Besuch in Annelies Wohnung brachte Tiziana Fotos mit. Ein wunderschönes Haus. Ach, sie hatten sich ja so viel zu erzählen, und Annelie redete auch von Moritz.

Dann bring ihn doch einfach mit! Wir haben genug Gästezimmer, hatte Tiziana spontan vorgeschlagen.

Annelie hatte Moritz auf der Stelle anrufen wollen, aber Tiziana war der Meinung gewesen, dass sie das nicht tun, sondern ihn damit überraschen solle.

Und während Annelie den Kuchen auspackte, den Tiziana mitgebracht hatte, freute sie sich schon auf diese Reise mit Moritz.

Aber dann, ja dann hatte Tiziana am folgenden Tag angerufen. Verzweifelt ins Telefon geschluchzt, und Annelie hatte kaum verstanden, worum genau es eigentlich ging.

Nur so viel, dass sie das Haus verlieren würden, wenn nicht ein Wunder geschah. Tizianas Mann besaß eine kleine Firma, ein Malergeschäft, und hatte sich an einem Großauftrag finanziell beteiligt. Und dafür das Haus bei einem dubiosen Kredithai verpfändet, aber der Auftrag war im letzten Moment geplatzt. Doch nun gab es eine neue Chance, nur brauchten sie jetzt dringend Geld.

Achtzigtausend, und nur für kurze Zeit. Nicht länger als einen Monat, dann wäre die Krise überstanden, und Annelie würde ihr Geld mit Zinsen zurückbekommen.

Aber Annelies Ersparnisse waren genauso spurlos verschwunden wie Tiziana.

Nein, da liegst du jetzt, du Hexe, dachte Moritz grimmig.

Aus der Ferne hörte er das Heulen von Sirenen. Der Krankenwagen würde jeden Moment da sein.

Zu spät, das wusste Moritz.

Er empfand keinerlei Reue.

Diese Schlange hatte sich doch tatsächlich nach Annelies Tod auch noch an ihn herangemacht. Ihm weisgemacht, dass Annelie ihrer Familie nicht mehr habe aushelfen können und dass es doch ganz sicher in ihrem Sinn sei, wenn er das nun an Annelies Stelle tun würde.

Er hatte sich dumm gestellt und Tiziana fünfzigtausend versprochen.

Heute war er wie abgemacht in die Bank marschiert, falls sie einen Komplizen hatte, der ihn beobachtete.

Moritz griff in seine Hosentasche, wo die Geldscheine knisterten.

Fünfzig Franken. Genau abgezählt.

Der gelbe Kies knirschte unter den Rädern des Krankenwagens.

Moritz stand von der Bank auf und schlenderte über den Platz. Er wollte jetzt in den Bus steigen und zum Friedhof fahren.

Als er sich dem Notarzt näherte, der eben seinen Koffer öffnete, warf er keinen Blick auf Tiziana.

Er wusste, dass sie tot war, ziemlich genau zu dem Zeitpunkt verstorben, den er berechnet hatte.

Tiziana, die garantiert dafür gesorgt hatte, dass es keinerlei Verbindungen oder Hinweise gab. Weder zu ihm noch zu Annelie.

„Guten Tag, die Herren“, sagte er, als er an den Helfern vorbeiging.

„Kennst du ihn?“, fragte einer der Sanitäter den Arzt, der sich neben der Leiche niederkniete.

„Ja sicher“, antwortete er geistesabwesend. „Das war Moritz Werder. Der hatte hier in Baden viele Jahre eine eigene Apotheke.“

Wie gesagt, gelernt ist gelernt.

Mariele und ich

Oft werde ich gefragt, woher ich die Ideen für meine Bücher nehme. Eine Frage, die ich noch nie zufriedenstellend beantworten konnte. Manchmal genügt ein kurzer Blick im Vorbeigehen auf ein winziges Detail, und die Frage taucht auf: Was wäre, wenn? Und schon stehen ein, zwei Protagonisten in den Startlöchern und drängen mich, ihre Geschichte zu erzählen.

Natürlich kann da nicht einfach jeder zu Wort kommen, mein Tag hat schließlich auch nur vierundzwanzig Stunden. Aber einige sind sehr hartnäckig, wie zum Beispiel diese Mariele, die mich fast den letzten Nerv gekostet hätte ...

Ich eilte gerade aus der Post und zerrte am Reißverschluss meiner Handtasche, der sich wieder einmal verklemmt hatte. Als ich hochblickte, sah ich sie.

Sie stand vor dem Bahnhofsgebäude und starrte mir vorwurfsvoll entgegen. Einen Moment hatte ich das Gefühl, ich könne durch sie hindurchsehen. Aber in der Sekunde, in der ich schon an meinem Verstand zweifelte, nahm ihr Körper eine feste Form an. Mittelgroß, mittelschlank, die mittellangen Haare von einem undefinierbaren Farbton. Mittelbraun? Mittelblond? Ich konnte es nicht sagen. Und auch ihre Kleidung war fadenscheinig. Jeans, Bluse, Turnschuhe, alles in verwaschenen Farben, als hätte die Sonne sie ausgebleicht.

„Na endlich“, schnaubte sie, als ich sie erreicht hatte. „Ich habe mich schon gefragt, wie lange ich noch hier herumstehen soll.“

Mein Personengedächtnis ist miserabel, und ich habe mich schon oft blamiert. Aber anscheinend kannten wir uns. Verzweifelt versuchte ich sie irgendwo einzuordnen. Woher nur … Da fiel mir ihr Name ein. Mariele.

„Hallo! Wie geht’s denn so? Wartest du auf jemanden?“

Das war doch ein guter Anfang für eine nette Konversation, aber zu meiner Überraschung wurde sie wütend.

„Woher soll ICH denn das wissen? DU bist doch die Autorin!“

Ach du Schreck!

Sie beugte sich zu mir, bis sich fast unsere Nasenspitzen berührten, und funkelte mich mit mittelblauen Augen zornig an.

„Also los, mach schon, lass dir etwas einfallen. Mir ist langweilig.“ Sie riss den Mund auf und gähnte laut und ungeniert. Neben uns rollte ein vollbesetzter Linienbus vorbei, aber niemand blickte aus dem Fenster. Die Köpfe der Fahrgäste waren alle nach unten geneigt, als wären sie in kollektive Trauer versunken. Aber sie starrten nur auf ihre Smartphones.

Ich räusperte mich und versuchte, es ihr schonend beizubringen. „Hör zu, Mariele. Ich war jetzt wirklich nicht auf dich gefasst, und, ehrlich gesagt, ich weiß nicht, was ich mir dir anfangen soll.“

„Aber ich bin da, und jetzt unternimm etwas!“ Wie ein trotziges Kleinkind stampfte sie mit dem Fuß auf.

Anscheinend würde ich sie nicht so leicht wieder loswerden. Schöne Bescherung.

„Woran schreibst du denn gerade?“, fragte sie und zwirbelte eine Strähne ihrer ungepflegten Haare um den Zeigefinger.

„An der Fortsetzung von *Baden kann tödlich sein*.“

„Oh! Also was mit Mord?“ Der Gedanke schien sie zu erfreuen.

„Ja“, seufzte ich. „Ich schreibe immer was mit Mord. Liebesgeschichten habe ich mit meinem Mann.“

Mariele betrachtete ihr Spiegelbild in der Glasscheibe der Eingangstür zum Bahnhof.

„Ich wäre doch eine perfekte Mörderin! Völlig unscheinbar und unauffällig.“

Da hatte sie recht. Kein Zeuge würde von ihr eine vernünftige Beschreibung zustande bringen. Mariele sah nicht nur fade aus, ihr ganzes Wesen schien undefinierbar.

„Und ich finde es übrigens eine Zumutung, wie ich aussehe!“ Sie fuchtelte empört mit den Händen. „Hättest du mich nicht etwas attraktiver machen können?“

„Also …“ Ich kam gar nicht dazu, mich zu verteidigen.

„Ich hätte gerne eine sexy Figur, grüne Augen und am liebsten rote Haare. So wie die von dieser Journalistin, du weißt schon, wen ich meine.“

„Ja, ich weiß, aber dann würde sich jeder an dich erinnern.“ Himmel, ich wollte sie doch nur endlich loswerden und mein Tagewerk fortsetzen. Stattdessen stand ich blinzelnd in der Sonne und führte sinnlose Diskussionen.

„Also los geht's“, rief sie enthusiastisch. „Wen soll ich umbringen?“

„Niemanden, wenn ich bitten darf.“

„Niemanden? Das kannst du nicht machen. Reiß dich zusammen und überleg mal. Und erzähl mir nicht, dass es in dieser Stadt keine einzige Person gibt, die du nicht gerne um die Ecke bringen würdest.“

„Natürlich gibt es da schon den einen oder anderen, der mir nicht so sympathisch ist“, murmelte ich.

Mariele grinste triumphierend.

„Aber deswegen bringe ich doch niemanden um.“

„Du musst das ja auch nicht tun. *Ich* werde das für dich machen!“

Am liebsten hätte ich jetzt sie umgebracht.

„Ich begleite dich. Bestimmt läuft uns ein Opfer über den Weg. Wohin wolltest du?“

„Einkaufen. Im Kaufhaus am Schlossbergplatz.“ Ich gab mich geschlagen und trottete los. In der Hoffnung, dass sie sich unterwegs wie Morgennebel in Luft auflösen würde.

„Ich brauche aber noch ein gutes Mordwerkzeug“, krähte Mariele und wich keinen Millimeter von meiner Seite. Sie war nicht zu bremsen. „Eine Pistole wäre gut. Am besten mit Schalldämpfer. Allerdings schwer zu beschaffen, oder hast du etwa Verbindungen zu irgendwelchen Organisationen? Mafia? Darknet? Ich könnte auch einfach ein Messer benutzen. Nein, Messerwunden bluten. Und das gibt eine Riesensauerei. Dann doch lieber einen Strick. Ich könnte jemanden damit erwürgen.“

Sie blieb stehen und betrachtete ihre Hände. „Denkst du, ich wäre stark genug? Ich meine, wenn es sich bei dem Opfer um einen Mann handelt, könnte ich in echte Schwierigkeiten kommen. Jetzt sag du doch auch endlich mal was! Du hast schließlich schon jede Menge Leute um die Ecke gebracht. Also, was soll ich tun?“

Endlich den Mund halten, um Himmels willen, dachte ich am Rande der Verzweiflung und eilte davon.

Ich dachte, ich wäre sie losgeworden. Aber im Kaufhaus stand sie schon schmollend vor dem Regal mit den Körperpflegeprodukten.

Ich ignorierte sie und ließ den Blick über die Tuben und Tiegel schweifen.

„Kann ich Ihnen behilflich sein?“, flötete eine Stimme neben mir. Sie gehörte einer Verkäuferin. Alles an dieser jungen Frau war geradezu schockierend makellos. Eine Fleisch gewordene Barbiepuppe.

„Ja gerne, ich suche die Feuchtigkeitslotion von Niwas.“

Sie musterte mich streng von Kopf bis Fuß, und ich war verblüfft darüber, wie beweglich ihre Augenlider trotz der Last der überlangen, künstlichen Wimpern noch waren. Schließlich betrachtete sie mein Gesicht, als suche sie dort etwas Bestimmtes.

„Also in Iiiiihrem Alter …“, begann sie, und nun wusste ich, was sie gesucht hatte. Mein Verfallsdatum, das anscheinend auf meiner Stirn prangte.

„… sollten Sie dringend Ihr Pflegeprogramm ändern. Ich rate Ihnen zu etwas Reichhaltigerem. Unsere extra strong Anti Age Power Repair Crème mit …“

Sie dozierte über die erfolgsversprechenden Inhalte und schwenkte eine Tube mit goldener Schrift vor meiner Nase. Ich war mir bisher nicht bewusst gewesen, dass es schon so schlimm um mich stand, und schrumpfte merklich zusammen.

„In Ihrem Fall könnte es tatsächlich etwas bringen“, schloss sie ihren Vortrag. Es klang allerdings nicht sehr überzeugt, und ich fühlte mich wie eine Mumie.

„Die!“, zischte Mariele. „Die bringen wir um! Die hat dir jetzt den ganzen Tag versaut. Ich ertränke sie in Bodylotion.“

„Danke, ich werde es mir überlegen“, sagte ich und wankte davon.

Auf dem Schlossbergplatz wimmelte es von Leuten. Die Wahlen standen vor der Tür, und die Helfer verteilten emsig Flyer. Und je nach Partei gab es noch Äpfel, einen Becher Weißwein, Luftballons oder andere Kleinigkeiten, um Aufmerksamkeit zu gewinnen.

„Ich hoffe, Sie treffen die richtige Wahl!“ Ein junger Mann stellte sich mir grinsend in den Weg und hielt mir einen Flyer vor die Nase.

Er konnte das ja nicht wissen, aber genau dieses Gesicht darauf war ein rotes Tuch für mich.

„Ganz bestimmt werde ich das tun“, knurrte ich und wollte ihn umrunden.

Er dachte nicht daran aufzugeben. „Es ist wichtig, dass in unserer Stadt endlich die richtigen Leute das Steuer übernehmen. Es ist die Pflicht der Bürger und Bürgerinnen, jetzt genau hinzuschauen und …“

„Ich habe längst gewählt!“, rief ich und schaffte es, in der Menge zu verschwinden.

„Na bitte, da haben wir es“, triumphierte Mariele. „Du bist wütend auf diesen Politiker, und am liebsten würdest du ihm den Hals umdrehen. Gib es doch zu!“

„Stimmt, ich mag ihn nicht und schon gar nicht seine Ansichten. Aber wenn ich könnte, würde ich ihn höchstens seines Amtes entheben!“

„Meine Güte! Mit dir kann man einfach nicht vernünftig arbeiten“, jammerte Mariele. „Du bist viel zu zaghaft. Bald ist der Tag vorbei, und ich durfte noch niemanden ermorden.“

Mir reichte es nun endgültig. Ich zog sie hinter eine Hausecke, und dort tat sie ihren letzten Atemzug.

Ich hinterließ keinerlei Spuren.

Aber so unter uns, über die Verkäuferin werde ich mir noch Gedanken machen.

Gut beraten

Das Verschwinden vieler kleiner Fachgeschäfte in der Innenstadt, ist ja nicht nur in Baden eine traurige Sache. Gehen Sie gerne einkaufen? Und achten Sie dabei auf Sonderangebote? Man kann allerdings eine Menge Geld sparen, wenn man nicht ständig dem neuesten Trend hinterherjagt. Und im Internet finden sich heutzutage viele Dinge zu regelrechten Dumpingpreisen. Aber wenn man sichergehen will, dass man echte Qualität und kein Ramschprodukt bekommt, empfiehlt sich immer noch das Fachgeschäft. Dort trifft man – wenn man Glück hat – auf einen geschulten Verkäufer und wird gut beraten ...

„Guten Tag, der Herr! Wie darf ich Ihnen helfen?“

„Äh ja, guten Tag. Also ich habe Ihr Inserat gelesen. Dieses … dieses Sonderangebot für akkubetriebene Messer.“

„Ah ja! Ich verstehe. Das Modell *Schnell und Sauber* der Firma *Schnetzel*.“

„Ja, das meine ich!“

„Nur diese Woche im Angebot für neunundsiebzig neunzig. Ein geradezu lächerlicher Preis für ein solches Qualitätsprodukt!“

„Deswegen bin ich ja hier. Also wo finde ich …“

„Bitte folgen Sie mir. Ich werde es Ihnen zeigen.“

„Ich finde es schon selbst, wenn Sie mir nur sagen, wo ich …“

„Aber das mache ich doch gerne! Bitte schön. Hier haben wir es ja schon.“

„Genau, das ist es!“

„Einen Moment, ich packe es Ihnen mal aus, damit Sie dieses Prachtstück bewundern können.“

„Ja, danke.“

„Also, da hätten wir einmal den ergonomisch geformten Griff mit eingebautem Akku. Das Ladegerät, und jetzt … jetzt kommt es! Dazu die drei auswechselbaren Klingen, mit denen Sie einfach alles schneiden können. Sauber und schnell, wie es der Name verspricht.“

„Toll.“

„Vorsicht, mein Herr! Nicht die Sicherheitsfolie der Klingen beschädigen. So ein Messerblatt hat den Schliff eines Samurai-Schwertes. Dieses Produkt schlägt einfach alles, was es bisher auf dem Markt gegeben hat. Sogar Profiköche verwenden es.“

„Ich koche nicht.“

„Nicht?“

„Nein.“

„Ach so. Dann ist es vielleicht für Ihre Gattin?“

„Um Himmels willen, nein! Ich liebe meine Frau!“

„Also das wollte ich jetzt ja auch nicht infrage … Ach du meine Güte! Ich verstehe, das war ein Witz! Wirklich sehr lustig. Und Sie haben ja völlig recht. Ein wenig Spaß muss sein. Hahaha.“

„Wie lange hält denn die Akkuleistung?“

„Das kommt natürlich darauf an. Auf der Verpackung steht, je nach Verwendung bis zu drei Stunden.“

„Nur.“

„Äh, also ich finde das schon eine beachtliche Leistung, und ich denke mal, dass man in den seltensten Fällen drei Stunden am Stück mit so einem Messer arbeitet.“

„Ja schon. Aber wenn man sich alleine irgendwo draußen in der Pampa befindet, zum Beispiel im Wald, also weit weg von jeder Zivilisation – und somit auch von

Steckdosen, dann ist es sehr lästig, wenn die Leistung plötzlich nachlässt."

„Ah, ich verstehe. Sie planen eine größere Reise. Ein Abenteuer in der Natur. Mit Zelt vielleicht, oder Wohnwagen?"

„Bin ich verrückt? Nein, auf Ameisen, Stechmücken und qualmende Lagerfeuer kann ich verzichten. Ich brauche ein weiches Bett und Zimmerservice."

„Ganz meine Meinung! Glauben Sie mir, das geht mir genauso. Dieser ganze Outdoor-Tourismus sagt mir gar nichts. Wichtig ist eine gut gefüllte Minibar im Zimmer und ein vernünftiges Frühstück."

„Ja ja, aber wegen diesem Messer. Ich weiß jetzt immer noch nicht, wie lange es durchhält. Nehmen wir doch einmal an, also wirklich nur mal so, ich möchte damit ein Reh ..."

„Ein Reh? Ach, jetzt verstehe ich. Sie sind Jäger!"

„Nein, ich bin doch kein Jäger!"

„Nicht?"

„Ganz bestimmt nicht. Die armen Viecher."

„Ja gut, aber wie kommen Sie dann jetzt auf ein Reh?"

„Ich sagte doch, nur mal angenommen! Wie schwer ist eigentlich so ein Reh? Wäre die Akkuleistung dafür ausreichend?"

„Wie bitte?"

„Na, was schätzen Sie? Wie viel wiegt so ein Reh?"

„Also da bin ich jetzt völlig überfragt!"

„Na, nur so ungefähr."

„Hm, ich denke mal, etwa vierzig Kilo? Vielleicht auch fünfzig?"

„Was? Nur so wenig?"

„Kommt vielleicht auch auf die Rasse an, oder das Alter des Tieres. Ja, aber, wie gesagt, ich habe nicht die geringste Ahnung von diesen Dingen, wirklich nicht. Als

Elektrogerätefachverkäufer ist man in solchen Sachen nicht geschult. Ich kann Ihnen nur versichern, dass Sie sich auf die Angaben des Herstellers verlassen können. Wenn eine Leistung von drei Stunden angegeben wird, dann können Sie sicher …“

„Wildschweine?“

„Bitte entschuldigen Sie. Aber auch Wildschweine gehören nicht zu meinem Fachgebiet.“

„Aber was schätzen Sie? So ein Wildschwein ist doch bestimmt viel schwerer als ein Reh.“

„Ja, wahrscheinlich schon.“

„Also wie viel?“

„Wie viel was?“

„Ja, was glauben Sie? Wie viel könnte so ein Wildschwein denn wiegen?“

„Tja. Vielleicht so hundert Kilo? Oder mehr? Aber auch da kommt es ja sicher wieder auf das Alter des Tieres an. Doch, wie gesagt, ich kann Ihnen da nicht weiterhelfen.“

„Hundert Kilo könnten hinkommen.“

„Ja?“

„Ja. Ich nehme so ein Messer.“

„Das freut mich jetzt aber. Eine gute Wahl, ich garantiere Ihnen, Sie werden zufrieden sein. Ich begleite Sie noch zur Kasse.“

„Ja gut. Ich möchte aber bar bezahlen.“

„Ganz wie Sie wünschen. Aber jetzt verraten Sie mir doch bitte noch, wofür Sie das Messer verwenden.“

„Es ist für meinen Schwiegervater.“

„Oh! Also doch ein Geschenk! Soll ich es noch hübsch einpacken? Wir haben eine große Auswahl an Geschenkpapier.“

„Oh nein, nicht nötig. Davon hat er jetzt nichts mehr.“

Unerwarteter Besuch

Wie reagieren Sie, wenn jemand unangemeldet vor der Tür steht? Bringen Sie den Hund und/oder die Kinder zum Schweigen und linsen vorsichtig durch den Türspion? Oder gehören Sie zu den Menschen, die fröhlich alle Welt willkommen heißen, egal, wer da Einlass begehrt?

Es soll ja Leute geben, die können sogar einem Schwätzchen mit Sektenmitgliedern oder Vertretern von Putzmitteln etwas abgewinnen. So nach dem Motto, Hauptsache, es kommt jemand vorbei.

Ich für meinen Teil bin in dieser Beziehung etwas eigen. Ich mag es nicht, wenn man mich ungeschminkt, schlampig angezogen und übellaunig auf dem falschen Fuß erwischt. Spontaner Besuch ist nur ein paar handverlesenen Lieblingsmenschen gestattet. Nicht, dass Sie mich falsch verstehen, ich habe nichts zu verbergen.

Im Gegensatz zu diesem Mann im sogenannt besten Alter, dem ein überraschender Besuch zum Verhängnis wurde ...

Elmar hatte Gartenarbeit immer gehasst. Das Knien im Dreck und den läppischen Hut, den er aufsetzen musste, damit ihm die Sonne nicht die Halbglatze verbrannte. Die Schweißtropfen, die sich darunter sammelten, während seine Frau Gesa im Liegestuhl faulenzend Anweisungen erteilte. Und sie gab immer eine Menge Belehrungen von sich, bis das weitläufige Gartengrundstück dann so aussah, wie sie sich das wünschte.

Sie hätten sich einen Gärtner leisten können, aber Gesa duldete keine fremden Leute in ihrer Privatsphäre. Und Elmar hatte seine Zweifel, ob sich außer ihm noch jemand so herumkommandieren lassen würde.

Also hatte er neben der Hausarbeit auch noch den Garten übernommen. Um des Friedens willen. Das hätte er sich damals nicht träumen lassen. Dass er eines Tages zum Angestellten seiner Frau werden würde.

Zum Haussklaven!

Ja, so bitter sich das anhörte, man konnte es nicht anders nennen. Gesa war zu einer Tyrannin mutiert, der man nichts recht machen konnte und die ihm kaum mehr Luft zum Atmen ließ.

Dabei hatte vor zehn Jahren alles so schön angefangen. Er war nie ein Mann gewesen, der auf Frauen wirkte. Zu schüchtern, zu unscheinbar, schlicht uninteressant. Er führte ein langweiliges, zurückgezogenes Leben und war damit eigentlich ganz zufrieden gewesen. Zwei Mal hatte er ernsthaft eine Beziehung angefangen. Aber schon nach kurzer Zeit hatten sich die Damen verstohlen gähnend davongemacht.

Elmar hatte das Thema Partnerschaft oder Heirat schon abgehakt, als er Gesa traf. Während der *Badenfahrt*, dem zehntägigen Fest in der Stadt, an dem einfach alle unterwegs waren. Sie stand in der Schlange vor einer Bar und wirkte gelangweilt. Und einsam. Als ihr das Wechselgeld zu Boden fiel und er es aufhob, nahm das Unglück seinen Lauf.

Sie kamen ins Gespräch. Gesa war alleinstehend und lebte im Meierhof in einem schönen Haus, welches sie von ihren Eltern geerbt hatte. Also im selben Quartier.

Elmar fühlte sich geschmeichelt von ihrem offensichtlichen Interesse. Gesa war gebildet und wohlhabend. Dass sie sehr zänkisch und aufbrausend sein konnte, verdrängte er. Sie ließ ihm auch kaum Zeit, um sich irgendwelche Gedanken zu machen. Gesa belagerte ihn förmlich, und ehe er sich versah, landete er vor dem Standesamt.

Eine Trauung in kleinem Rahmen. Elmar hatte keine Verwandten mehr und sehr wenige Freunde. Eigentlich waren es bloß Arbeitskollegen. Gesas Verwandtschaft, mit der sie anscheinend heillos zerstritten war, lebte in den USA, und Freunde schien sie gar keine zu haben.

Erst nach der Heirat ging ihm auf, weshalb das so war, aber da war es zu spät. Und Stück für Stück, wickelte sie ihn ein, wie eine Spinne ihre Beute. Isolierte ihn vollständig von allem, was nichts mit ihr zu tun hatte, bis er endgültig in ihrem Netz festsaß.

Abgeschnitten von allen menschlichen Kontakten.

Er war aber auch ein ideales Opfer gewesen, das ging ihm mit der Zeit auf. Ein richtiger Mann hätte sich nie und nimmer so von ihr behandeln lassen. Mit Liebe hatte diese Heirat nichts zu tun gehabt. Gesa wollte einfach nur nicht als alte Jungfer enden, und er, der größte Trottel aller Zeiten, hatte ja gesagt.

Er hatte sich Mühe gegeben, echte Mühe, seine Frau glücklich zu machen. Vergebens. Und mit den Jahren war der Frust in Wut umgeschlagen. Mit jedem Tag wurde Elmar wütender, und als er darüber nachdachte, wie er als alter Mann in diesem Käfig sein Leben aushauchen würde, verwandelte sich die Wut in Verzweiflung.

Denn Gesa würde sich niemals scheiden lassen, das Gerede auf dem Golfplatz würde sie nicht ertragen. Nein, eine Scheidung käme nie in Frage, selbst der beste Anwalt der Stadt würde sich an seiner Frau die Zähne ausbeißen.

Also schmiedete Elmar Pläne.

Plan Nummer eins:

„Liebste? Kommst du mal bitte?“ Elmar stand vor der heruntergelassenen Zugleiter, die zum Dachboden führte.

„Mein Gott, was ist jetzt schon wieder? Kannst du denn gar nichts alleine machen?“ Gesa kam barfuß aus dem Bad. Sie trug einen Bademantel, und um die nassen Haare hatte sie ein Handtuch gewickelt.

„Bitte zeig mir doch, welche der Kisten ich herunterbringen soll.“ Er deutete nach oben.

„Das habe ich dir doch schon erklärt, Himmel noch mal! Die ganz hinten, in der Ecke rechts!“

„Da liegen jede Menge Kisten.“

Gesa schüttelte genervt den Kopf und stieg die Leiter empor. Elmar hielt den Atem an. Er hatte die obersten Sprossen ein wenig manipuliert.

Jetzt! Jetzt! Die Spannung war kaum auszuhalten.

Ihre nackten Beine verschwanden in der Luke, und er konnte es nicht fassen.

„Na, was ist?“, brüllte sie. „Bemüht sich der gnädige Herr jetzt auch hier hoch?“

Ich war handwerklich noch nie begabt, dachte er enttäuscht und folgte ihr seufzend.

Eine halbe Stunde später lag er mit einem gebrochenen Arm im Krankenhaus.

Also Plan Nummer zwei:

Während der Mittagspause im Büro suchte er im Internet nach Gift. Er war schockiert über die unzähligen Substanzen, mit denen man einen Menschen ins Jenseits befördern konnte. Ja, die Auswahl war riesengroß, und für kurze Zeit fühlte er sich wie Kind in einem Laden voller Süßigkeiten.

Aufgeregt scrollte er sich durch die Seiten, bis ihm der Schädel brummte. Aber es war doch nicht so einfach, wie er sich das erhofft hatte. Entweder war das Gift schwer zu beschaffen, oder man konnte es im Körper nachweisen. Und dass man Gesas Leiche genauer untersuchen würde, daran zweifelte er nicht.

Denn eine gesunde Frau Mitte fünfzig starb ja nicht mal einfach so. Und wenn sie außerdem noch so gut betucht war, würde man sofort den Ehemann unter die Lupe nehmen.

Dabei ging es ihm überhaupt nicht ums Geld. Er würde es nicht anrühren. Also vorläufig jedenfalls. Er wollte sie einfach nur loswerden. Endlich wieder frei sein und zu Atem kommen.

Nach ein paar Tagen musste er die Idee mit dem Gift begraben. Siedend heiß war ihm in den Sinn gekommen, dass er nun schon mit seinen Recherchen Spuren im Netz hinterlassen hatte. Also dann …

… Plan Nummer drei:

Gesa hatte ihm einmal eine haarsträubende Geschichte aus ihrer Kindheit erzählt. Als sie beinahe an einem allergischen Schock gestorben wäre.

„Meine Schwester, dieses hinterlistige Biest, hat mir doch tatsächlich einen Schokoriegel mit Nüssen untergejubelt!“

Sie wird schon ihre Gründe gehabt haben, hatte er bei sich gedacht und versucht, einen möglichst schockierten Gesichtsausdruck beizubehalten.

Elmar wunderte sich, dass ihm die Geschichte nicht gleich in den Sinn gekommen war, und machte sich ans Werk.

„Liebste, ich habe heute zum Dessert eine Überraschung für dich!“

„Ich will kein Dessert, ich halte gerade Diät, hast du das schon wieder vergessen? Das Fleisch war übrigens auch viel zu fett!“

„Aber ich habe doch extra deswegen selber einen Kuchen gebacken! Mit wenig Fett, kaum Zucker, also fast keine Kalorien.“

Nach zwei Tagen stand der Kuchen immer noch unberührt in der Küche, und bevor das gute Stück entsorgt werden musste, bediente er sich selbst davon. Der Kuchen war ihm wirklich gut gelungen, und die Nüsse konnte man tatsächlich nicht herausschmecken.

Zwei Wochen später hatte er immer noch keine neue Idee. Nichts, was sich einfach und möglichst unblutig umsetzen ließ. Er stand in der Waschküche vor dem Bügelbrett. Während das heiße Eisen über eine von Gesas Blusen glitt, zermarterte er sich das Hirn.

Gerade als er sich vorzustellen versuchte, wie es wäre, wenn er sie einfach nur erwürgen würde, legte sich ihm eine Hand auf die Schulter.

Elmar kreischte und fuhr herum.

In der Hand noch das Bügeleisen.

Er traf sie mitten auf die Stirn.

Alles schien sich wie in Zeitlupe abzuspielen. Fassungslos starrte Elmar in ihre vor Erstaunen weit aufgerissenen Augen, über die ein schmales Rinnsal aus Blut lief. Er ließ das Bügeleisen fallen, und im gleichen Moment kippte Gesa um, wie ein gefällter Baum.

Elmar konnte sich nicht rühren. War sie tatsächlich tot? Wenn nicht, würde er schon bald um sein Leben fürchten müssen.

Vorsichtig beugte er sich zu ihr herab. Darauf gefasst, dass sie ihn jeden Moment so anbrüllen könnte, dass seine Ohren klingelten.

Nichts geschah.

Gesa war tot.

Und er hatte eine Menge zu tun.

Wie gesagt, die Arbeit im Garten hatte er immer verabscheut. Aber die letzten drei Tage war Elmar froh über das große Grundstück gewesen. Mit Hecken und Büschen vor neugierigen Blicken geschützt.

Es war unerträglich heiß, und er warf den Schlapphut weit in den Rasen. Sonnenbrand? Konnte auch nicht schlimmer sein als die Blasen an seinen Händen.

Gierig trank er einen Schluck Bier aus der Flasche und begutachtete sein Werk. Irgendwie verräterisch? Nein, es sah aus wie ein großes Blumenbeet. Die Blumen musste er jetzt noch besorgen, aber das Schlimmste war überstanden.

Er hatte tief gegraben, und nach den Albträumen, die ihn in den vergangenen beiden Nächten fast um den Verstand gebracht hatten, immer noch ein Stück tiefer.

Gesa tauchte darin auf wie ein böser Geist. Das Gesicht vor Wut verzerrt, griff sie mit zu Klauen gekrümmten Fingern nach ihm, packte ihn am Hals, bis er von seinen eigenen Schreien schweißgebadet erwachte. Und obwohl er ganz genau wusste, dass sie jetzt endlich tief unter der Erde lag, hatte er das Gefühl, dass sie ihn nun auch noch tagsüber verfolgte.

Jeder Schatten im Haus ließ ihn erzittern, und wenn das jetzt immer so weiterging, würde er noch den Verstand verlieren.

Dabei hatte er doch einen guten Plan und könnte sich etwas beruhigen. Kaum jemand würde sie vermissen. Sollte jemand nach ihr fragen, würde er erzählen, dass sie zu ihren Verwanden in die USA geflogen sei. Um sich zu versöhnen. Und für den Papierkram hatte er eine Vollmacht mit ihrer Unterschrift gefälscht, die fürs Erste genügen würde. Irgendwann, würde er sie dann als vermisst melden.

Falls er dann noch klar denken konnte.

Elmar zog die Arbeitshandschuhe aus. Er wollte jetzt ins Gartencenter fahren und die Blumen besorgen. Und heute noch pflanzen.

Vielleicht ist dann Ruhe, dachte er verzweifelt. *Vielleicht hören endlich die Albträume auf.*

Er stand in der Küche, als es an der Tür läutete.

Mist! Besuch. Wer zum Teufel kann das sein?

Er schlurfte missmutig zur Tür und riss sie auf.

Gesa stand in einem adretten Kostüm vor ihm, musterte ihn von Kopf bis Fuß, und dann lächelte sie.

Genau in dieser Sekunde verlor Elmar den Verstand.

„Ich verstehe das einfach nicht“, stammelte die Frau, die aussah wie Gesa. Sie starrte kreidebleich auf den Umriss unter dem weißen Tuch auf der Straße.

Der Polizeibeamte fasste sie am Ellenbogen. Die Frau stand unter Schock, und jeden Moment konnte sie umkippen.

Warum kümmerte sich denn keiner von den Sanitätern um sie? Verärgert sah er sich um.

„Ich verstehe es nicht!“

Das hatte sie sicher schon ein Dutzend Mal gesagt.

„Ich wollte doch nur meine Zwillingsschwester endlich einmal wiedersehen! Der Mann hat die Tür aufgemacht, mich angestarrt, als wäre ich ein Gespenst, und dann ist er schreiend davongelaufen. Direkt vor diesen Lastwagen!"

Angriff auf Schloss Stein

Hoch über unserer schönen Stadt thront das Schloss Stein. Also eigentlich nur noch der Rest einer einst stattlichen Festung.

Ob es nun Ruine oder Schloss Stein heißt, da scheiden sich die Geister. Ich bin definitiv für Schloss, denn was da über die Jahrhunderte allem Unbill standgehalten hat und immer noch die Stadt krönt, hat das verdient. Außerdem heißt es ja auch in dem bekannten Lied „in Bade schtoht es Schlössli".

Die Burg entstand vor dem Jahr 1000 und wurde im Zuge politischer Machtspiele immer wieder angegriffen und zerstört. Klingt ziemlich aktuell, wenn ich mich auf der Welt so umschaue.

Heutzutage lohnt sich der Aufstieg vor allem wegen des spektakulären Blicks über die Stadt. Und man kann sich sicher fühlen vor hinterlistigen Angriffen, meuchelnden Söldnern und ...

Aber Moment mal, was hat dieser General hier zu suchen, und – vor allem – was hat er vor?

Er war ein großer Kriegsherr, ein General, der keine Gnade kannte.

Heute würde er die Festung einnehmen und den Ruhm ernten, der ihm gebührte.

Es war Sonntag, und nur wenige Autos kreuzten den Schulhausplatz am Fuße der Burg. Niemand von den Spaziergängern, die gut gelaunt durch die Stadt flanierten, konnte ahnen, was sich jetzt gleich hier oben abspielen würde.

Eine Schlacht, wie die Welt sie noch nie gesehen hatte.

Er runzelte die Stirn. Ein paar seiner Soldaten versuchten zu fliehen. Zu desertieren.

Das konnte er nicht zulassen, und mit starker Hand und der Hilfe eines Stocks scheuchte er sie zurück in den Transporter. Der mit grüner Farbe und braunen Flecken getarnt war.

Wenn es darauf ankam, würden seine Männer kämpfen. Da war er sich sicher. Sie hatten ihm einen Eid geschworen.

Er sah sich um. Alles war ruhig, niemand hatte seinen Plan verraten. Der Gegner würde völlig überrascht sein.

Er legte sich auf den Boden und robbte vorwärts.

Vorsichtig, Zentimeter um Zentimeter.

Er konnte nicht riskieren, dass sie vorzeitig entdeckt wurden. Die Sonne brannte ihm auf den Nacken, und auf seiner Stirn perlte der Schweiß. Es war mühsamer, als er sich das vorgestellt hatte, und jetzt plagte ihn auch noch ein schrecklicher Durst.

Er musste sich eingestehen, dass es ein Fehler gewesen war, dieses wahnwitzige Unterfangen ohne Proviant zu beginnen.

Würden seine Soldaten diese Strapaze überleben? Oder waren sie vielleicht schon so geschwächt, dass sie keine Chance hatten gegen die Übermacht des Gegners?

Der Gedanke einer Niederlage verlieh ihm neue Kraft. Er stützte sich auf die Ellenbogen und straffte die Schultern. So gut das eben in dieser unbequemen Lage ging.

Verlieren? Niemals!

Er hatte noch nie eine Schlacht verloren, und er würde auch diesmal als Sieger hervorgehen.

„Wir schaffen das, Männer!“, flüsterte er. „Seid mutig und stark und enttäuscht mich nicht!“

Die Minuten dehnten sich zu Stunden, doch dann hatten sie das Ziel erreicht.

Niemand hatte sie bis jetzt erspäht, und nun galt es, den Vorteil zu nutzen.

„Männer,“ flüsterte er und pochte mit dem Knöchel an den Transporter. „Soldaten, seid ihr bereit für den Kampf?“

Es blieb still, wahrscheinlich wollten sie nichts riskieren. Ihr Kriegsgeschrei hätte sie verraten können.

Klug, ja seine Truppe war klug und listig.

Der Transporter rollte bis vor die Festungsmauer.

Jetzt! Sein Atem beschleunigte sich. Jetzt konnte die Schlacht beginnen.

Er öffnete vorsichtig die Tür des Transporters und scheuchte ein paar Späher zur Burg.

Aus sicherer Entfernung beobachtete er, wie sie vorwärts krochen. Sie schienen etwas desorientiert und sich überhaupt nicht bewusst zu sein, welch wichtige Rolle sie bei diesem Angriff spielten.

Planlos! Unfähig! Er war enttäuscht darüber, wie sie scheinbar ohne Ziel über das Gelände torkelten.

Und dann passierte das, was einfach nicht hätte passieren dürfen.

Sie wurden entdeckt!

Ein paar Wachtposten, die vor einer Sekunde noch regungslos in der Sonne gedöst hatten, stürmten heran und warfen sich todesmutig auf sie.

Jetzt galt es schnell zu sein, bevor die Bewohner alarmiert werden konnten.

„Attacke!“, brüllte er, während er den Transporter vorwärts rollen ließ. „Attacke!“

Er kippte das Gefährt, und seine Männer purzelten auf die staubige Erde.

Sie hatten keine Chance.

Denn fast im gleichen Moment strömte eine Heerschar aus der Burg und fiel über sie her wie eine schwarze Flutwelle.

Fassungslos starrte er auf das Gemetzel, das sich vor ihm abspielte.

In diesem barbarischen Getümmel konnte er keinen seiner Soldaten mehr ausmachen

Nichts, aber auch nicht das Geringste würde von ihnen übrigbleiben.

Ihm wurde flau im Magen. Das hatte er sich nicht so vorgestellt.

So brutal.

Und er trug daran die Schuld. In seinen Augen sammelten sich Tränen, und das mörderische Gewimmel und Gewusel verschwamm zu einem seltsamen Muster.

Jetzt sind alle tot, dachte er, und eine dicke Träne rollte ihm über die Wange.

Ich bin schuld daran, denn ich habe sie im Garten gefangen genommen und hierhergebracht.

Dass sie das nicht wollten, hatte er schon begriffen, als er sie nur mühsam in den Transporter verfrachten konnte. Sie hatten ständig versucht, zu entfliehen.

Aber er war einfach zu neugierig gewesen, er wollte sehen, was passieren würde, wenn …

Die junge Frau auf der Bank klappte ihr Buch zu und sah zu ihrem Sohn, der mit gesenktem Blick auf einen Ameisenhaufen starrte. Sie hatten ihn gemeinsam vor ein paar Tagen hier oben entdeckt.

Heute Nachmittag hatte er im Garten ein paar Ameisen eingesammelt, in seinen Spielzeuglastwagen verfrachtet und erklärt, dass er jetzt ein General sei und in den Krieg ziehen werde.

Eigentlich war sie froh, dass ihr sechsjährige Junge so viel Fantasie besaß und sich gut auch mal alleine beschäftigen konnte. Aber jetzt wirkte er bekümmert.

Als hätte er ihren Blick gespürt, drehte er den Kopf und sah sie an.

Weinte er?

Er sprang auf, kam auf sie zu gerannt und warf sich ihr an den Hals.

„Ich will kein General mehr sein!“, schluchzte er. „Nie, nie mehr!“

„Aber das musst du ja auch nicht“, sagte sie und strich ihm tröstend über die schweißnassen Haare. „Du kannst ja auch ein Feuerwehrmann sein, ein Indianer oder ein Astronaut!“

Er hob den Kopf und sah sie traurig an. „Es soll überhaupt gar keine Generäle mehr geben und nie mehr einen Krieg! Auf der ganzen Welt nicht!“

„Ja, das würde ich mir auch wünschen, mein Schatz“, erwiderte sie und wischte seine Tränen fort.

Das würde sie sich wirklich wünschen. Aber sie hatte nicht allzu große Hoffnung.

Fehlplanung

In Baden gibt es ein breites Angebot an Stadtführungen. Ob Historie, Kulinarik, Kultur, Kunst oder Bauwerke. Für jeden Geschmack und alle Altersklassen finden sich Themen, die auf den Touren durch die Stadt unterhaltsam und spannend vermittelt werden. Selbst alteingesessene Bürger entdecken immer wieder Neues. Ja, Baden hütet so manches Geheimnis, und täglich kommen neue dazu ...

„Ich hole dich morgen pünktlich ab“, säuselte Baldwin. „Du wolltest doch immer, dass wir etwas gemeinsam unternehmen, und das wird sicher spannend!“

Gina verdrehte die Augen. *Ganz. Sicher. Nicht!*

Sie hatte sich noch nie um die Gesellschaft ihres Stiefneffen gerissen, und nichts lag ihr ferner, als mit ihm durch einen feuchten Bunker zu stolpern.

„Tante Gina? Bist du noch da?“, flötete es besorgt aus dem Telefon.

„Ja doch!“, knurrte Gina. Am liebsten hätte sie aufgelegt.

„Du musst dir keine Sorgen machen, Tantchen, ich passe auf dich auf. Zieh einfach ein Paar vernünftige Schuhe an. Und du kannst ja deinen Stock mitnehmen.“

„Ich habe keinen Stock! Hatte ich nie und werde ich auch nie haben!“, brüllte Gina empört. „Und rede nicht mit mir, als wäre ich senil!“

Baldwin geriet ins Stottern. „Aber nein! Nicht doch, du verstehst das vollkommen falsch! Ich sorge mich doch einfach nur.“

Baldwin hoffte, dass seine Stimme tatsächlich besorgt klang, denn innerlich kochte er. Und er musste vorsichtig sein. Tante Gina ging zwar schon auf die neunzig zu, aber sie war weder senil noch sonst irgendwie dem Alter angemessen gesundheitlich angeschlagen.

Das war ja sein Problem. Diese Frau war zäh wie altes Leder. Wohnte immer noch alleine in dem schönen Haus auf der *Baldegg* und marschierte selbst bei Sturm und Regen täglich hinunter in die Stadt und auch wieder zurück. Wenn das so weiterging, würde sie ihn noch überleben.

Er war ja jetzt auch schon über sechzig. Und alle Wehwehchen – die, wenn es mit rechten Dingen zugehen würde, eigentlich seine Tante peinigen sollten – hatte er. Und als wäre das nicht schon ungerecht genug, schwamm die alte Schachtel in Geld, während er gerade so über die Runden kam. Er hatte immer mal wieder versucht, sie anzupumpen, aber sie war der Geiz in Person. Hockte auf ihrem Reichtum wie ein Bär auf einem Honigtopf. Alles was sie ihm zukommen ließ, waren Ratschläge.

„Du musst etwas sparsamer sein, mein Junge. Du hättest dich schon viel früher um ein finanzielles Polster kümmern sollen. Das habe ich dir immer gepredigt. Man soll nicht über seine Verhältnisse leben. Jedes Auto hat nur vier Räder und einen Motor, da kommt es nicht auf die Marke an!“

Sie hatte gut reden. In ihrer Familie waren Geldsorgen nie ein Thema gewesen. Aber für ihn, der jetzt schon bald von einer mickrigen Altersrente leben musste, sah die Zukunft düster aus. Rabenschwarz, um genau zu sein!

Von der Verwandtschaft waren nicht mehr viele übrig. Er stand nicht an erster Stelle in der Erbfolge, aber nach dem Ableben seiner Tante würde noch ein beträchtliches Sümmchen auf seinem Konto landen. Mit dem er durchaus etwas anzufangen wüsste.

Doch dieses Weib dachte anscheinend nicht im Traum daran, das Zeitliche zu segnen!

Und deshalb hatte er sich viele Gedanken gemacht. Sich informiert. Und festgestellt, dass nicht mal ihre Leiche erforderlich war, damit er sich ungestört ein schönes Leben in ihrer Villa machen konnte.

Es reichte schon, wenn sie einfach verschwand.

„Also ich werde pünktlich da sein, und, Tantchen, ich freue mich wirklich sehr darauf!"

Sie legte mit einem unverständlichen Grummeln auf.

Baldwin war nicht der Einzige, der sich in dieser Nacht Gedanken machte. Gina war nicht dumm. Allein schon dieser Anfall von plötzlicher Fürsorge wäre Grund genug, um misstrauisch zu werden. Aber wohin das windige, nichtsnutzige Bürschchen sie schleppen wollte, ließ bei ihr sämtliche Alarmglocken schrillen.

Dieser Dummkopf hatte sich doch noch nie für die Geschichte der Stadt interessiert. Jetzt so plötzlich?

Und ausgerechnet eine Führung in den Fuchsbau von Baden sollte es werden. Fuchsbau, so wird die riesige Bunkeranlage in den Tiefen der Stadt genannt. Es sollte ein gigantischer Atombunker werden, Schutzräume für die gesamte Bevölkerung, die dort unten zwei Wochen lang autonom hätte überleben können. Eine in der Planung völlig überdimensionierte Zivilschutzanlage, von der dann nur ein Drittel realisiert wurde. Fast acht Millionen hatte man für etwas investiert, das heute mehr oder weniger als Abstellkammer dient.

Eine Fehlplanung.

Aber oft kommt es ja anders, als man denkt.

„Boah! Echt cool hier!“, rief einer der beiden Teenager. „Sieht aus, wie in einem meiner Videospiele.“

„Mir ist kalt!“, jammerte seine Begleiterin, die in Hotpants und einer dünnen Bluse hinter ihm her trippelte. Ängstlich darauf bedacht, nicht in eine der Pfützen zu treten.

„Bitte, folgen Sie mir, und alle dicht beisammenbleiben!“, rief die Stadtführerin und balancierte geübt über eine Holzplanke. Die Gruppe, die sie heute durch die verschlungene Anlage im Untergrund der Stadt lotste, war bunt zusammengewürfelt. Und alle waren fasziniert.

Alle außer dem älteren Mann, der wie ein aufgeregter Gockel um eine betagte Dame hopste. Aber kein Wunder, dass er kaum zuhörte. Er hatte diese Tour schon dreimal gemacht und wollte nun anscheinend seine Begleiterin beeindrucken. Die Frau wirkte sichtlich genervt von seinem Getue.

„Und aus diesem Loch schaut manchmal eine Ratte, ich könnte mir denken, sie ist froh um jede Abwechslung. Normalerweise ist hier nicht viel los. Aber wir gehen jetzt weiter.“

„Iiiiiieeeh!“, kreischte das Mädchen und versteckte sich hinter ihrem Freund.

„Habe ich dir zu viel versprochen? Ist das nicht wahnsinnig aufregend hier unten? Richtig gruselig, findest du nicht?“, fragte Baldwin und legte einen Arm um Ginas Schultern. „Aber keine Angst, ich passe gut auf dich auf!“

„Ich habe keine Angst – und schon gar nicht vor Ratten. Egal, ob sie vier oder zwei Beine haben“, erwiderte Gina unwirsch und klopfte mit dem Stock auf den Boden.

Baldwin wusste nicht, was er sagen sollte, so langsam kamen ihm seine eigenen Worte völlig idiotisch vor. Er musste sich eingestehen, dass er sich zum Affen machte.

Denn wenn es jemanden gab, der vor nichts und niemandem Angst hatte, dann war das Gina. Er überragte sie fast um zwei Köpfe, aber unter ihrem strengen Blick hatte er das Gefühl, regelrecht zu schrumpfen. Auf die Größe eines kleinen, dummen Jungen. Was ihn etwas irritierte, war dieser Stock, den sie heute mit sich trug. Anscheinend war sie doch nicht mehr so gut zu Fuß.

Der kunstvolle, silberne Knauf in Form eines Greifvogels, war ziemlich sicher allein schon ein Vermögen wert. Wahrscheinlich ein Erbstück, das sie aus dem Keller oder vom Dachboden geholt hatte.

Apropos Erbstück.

Es war an der Zeit, den Plan in die Tat umzusetzen.

Vor sich hinplappernd, trödelte er herum und schaffte es, den Abstand zur Gruppe zu vergrößern. Noch ein paar Meter, und sie waren am Ziel.

Er begann zu schwitzen. Jetzt, wo es so weit war, nagten Zweifel an ihm. Hatte er wirklich an alles gedacht? Baldwin versuchte, ruhig zu atmen, und das Bild zu verdrängen, das sich vor seine Augen schob. Die vergitterten Zellenfenster im Gebäude der Kantonspolizei.

Es musste einfach klappen, er hatte doch alles so gut geplant! Aber er hatte nur einen einzigen Versuch. Und wenn der schiefging …

Die Gruppe verschwand hinter einer Biegung, und die Stimmen verklangen wie ein leises Echo.

Jetzt!

„Huch! Schau mal da!“ Er deutete aufgeregt auf eine Nische in der Wand, in der eine rostige Metalltür einen Spalt breit offenstand. „Was denkst du? Was mag wohl dahinter verborgen sein?“

Gina stand auf ihren Stock gestützt und musterte ihn.

„Willst du etwa nachschauen? Wir zwei ganz allein?“

Er hätte nicht gedacht, dass es so einfach werden würde. Dass sie ihm tatsächlich nachlaufen würde wie ein frommes Lämmchen.

„Ja!“, rief er enthusiastisch. „Lass uns nachschauen. Vielleicht finden wir sogar etwas Wertvolles. Ich kann uns mit meinem Handy leuchten.“

„Wie du meinst.“

Er drückte die Tür auf. Es war gar nicht so leicht, aber das wusste er ja schon.

„Wow!“, rief er und wedelte wild mit der Hand. „Komm rein, Tante Gina, und schau dir das mal an!“

Dann soll es wohl so sein, dachte Gina seufzend und betrat den düsteren, feuchten Gang, der sich vor ihnen auftat.

Die Stadtführerin zählte ihre Schäfchen. Sie standen alle um sie herum und blinzelten ins Tageslicht.

Habe ich mich jetzt verzählt, oder fehlt da tatsächlich jemand? Sie begann wieder von vorne.

„Suchen Sie mich?“, fragte die alte Dame und stellte sich winkend hinter den beiden Teenagern auf die Zehenspitzen.

„Ach, da sind Sie ja! Aber wo ist denn Ihr Begleiter abgeblieben?“

„Ach der! Der hat einen Anfall von Klaustrophobie bekommen und ist rausgerannt. Wahrscheinlich trinkt er irgendwo einen Schnaps, um sich zu beruhigen.“

Alle lachten, und dann löste sich die sich Gruppe langsam auf.

Gina setzte sich in den Bus, um nach Hause zu fahren. Normalerweise wäre sie zu Fuß gegangen, aber die ganze Sache war doch etwas anstrengend gewesen.

Diese Fehlplanung ihres Stiefneffen.

Daheim würde sie sich heute Abend ein Schlückchen gönnen. Whisky. Einmal im Monat holte sie sich eine Flasche aus dem Laden in der mittleren Gasse.

Aber zuallererst wollte sie die Klinge reinigen, die wieder wohlverborgen im Hohlraum des Stocks verschwunden war.

Kindgerecht

Also ich habe meine Kindheit überlebt und Sie anscheinend auch, sonst wären wir beide jetzt nicht hier. Ich habe den Eindruck, dass es heutzutage gar nicht einfach ist, dem Nachwuchs eine unbeschwerte Kindheit zu bereiten.

Eltern müssen sich Sorgen machen um Dinge, die es früher noch gar nicht gab. Soziale Medien, Mobbing oder im Fernseher, mitten im Kinderprogramm Szenen, die alles andere als kindgerecht sind. Man versucht ja, seinen Nachwuchs zu behüten, fernzuhalten von all den schlimmen Dingen, die auf der Welt passieren. Doch manchmal ...

Julia Held stand mit pochendem Herzen vor der Tür des Klassenzimmers. Sie fühlte sich wieder wie die Primarschülerin von damals, die mal wieder etwas ausgefressen hatte.

Lächerlich. Schließlich war sie jetzt erwachsen und selbst Mutter. Alleinerziehend seit der Scheidung vor zwei Jahren. Es war nicht immer einfach.

Mias Vater hatte im Ausland eine neue Familie gegründet und kümmerte sich kaum noch um seine Erstgeborene. Geschenke und Karten zum Geburtstag und an Weihnachten, dazwischen seltene Telefonate. Mia schien ihn allerdings auch nicht zu vermissen, und wenigstens kam er für den Unterhalt seiner Tochter immer pünktlich auf. Julia hatte schon einige traurige Geschichten über fahnenflüchtige Väter gehört.

Mit dem Geld, das Julia als Teilzeitangestellte verdiente, kamen sie einigermaßen über die Runden. Sie brauchten beide nicht viel, um glücklich zu sein.

Doch in der letzten Zeit hatte Julia ständig ein schlechtes Gewissen. Sie hatte ihr Pensum im Büro auf achtzig Prozent erhöhen müssen, sonst hätte sie die Stelle verloren. Mia war nun viel allein, und Julia lebte in ständiger Sorge. Jeden Abend löcherte sie ihre kleine Tochter, wollte einen genauen Bericht, wie, wo und mit wem sie den Tag verbracht hatte.

„Mensch, Mama, ich bin doch kein Baby mehr!“, hatte sich Mia empört, als ihr die Fragerei wieder mal zu viel wurde.

„Nein, du bist kein Baby mehr. Und ich bin wahnsinnig stolz auf dich, weil ich weiß, dass ich mich auf dich verlassen kann. Dass du vernünftig bist und machst, was ich dir sage. Aber auch, wenn du schon in die dritte Klasse gehst, bist du trotzdem noch ein Kind. Mein Kind, mein allerliebstes kleines Mädchen, und am liebsten würde ich dich …“

Einsperren, auf meinem Rücken festschnallen, keine Minute von deiner Seite weichen! Julia konnte ihrer Tochter nicht sagen, wie sehr sie sich um sie sorgte.

Und jetzt stand sie vor dieser Tür und malte sich die schrecklichsten Dinge aus, die sie dahinter erwarteten. Es musste einen guten Grund geben, dass Mias Lehrerin sie herbestellt hatte.

„Ich möchte am Telefon nicht darüber reden“, hatte sie gesagt. Und Julia war der Klang ihrer Stimme sehr bedrohlich vorgekommen.

Vielleicht sehe ich ja auch Gespenster, dachte sie, gab sich einen Ruck und klopfte an die Tür.

„Schön, dass Sie sich die Zeit nehmen“, sagte Frau Wacker und drückte ihr die Hand. „Bitte, setzen Sie sich doch.“

Julia quetschte sich hinter ein Schülerpult und kam sich vor wie ein Riese. Frau Wacker ließ sich lächelnd neben ihr nieder. Es sah ziemlich elegant aus.

„Ich finde, so lässt es sich besser reden.“

„Ja, um was geht es eigentlich?“ Julia war nervös, am liebsten wäre sie aufgesprungen und hin und her gelaufen.

Um Frau Wackers Mundwinkel spann sich ein sorgenvoller Zug.

„Gut, kommen wir gleich zum Punkt. Im Zuge unserer Projektwoche, in der verschiedene Themen von der gesamten Schule aufgearbeitet werden, mussten die Schüler schriftlich Fragen beantworten.“

„Was für Fragen?“

„Nun, die Schüler konnten die Themen frei wählen, aber es ging uns darum, herauszufinden, was die Kinder am meisten beschäftigt.“

Julia wurde schwer ums Herz.

Deswegen bin ich hier! Was um Himmels willen hat Mia geschrieben? Dass sich ihr Vater verkrümelt hat, dass sie oft alleine ist, sich selbst das vorbereitete Essen aufwärmen muss und meistens ohne Hilfe die Hausaufgaben macht? Oh Gott, alle werden jetzt denken, dass ich eine schlechte Mutter bin!

Frau Wacker raschelte mit den Papieren, die sie aus einem Plastikmäppchen genommen hatte, und räusperte sich.

„Wie gesagt, ging es uns bei diesem Projekt hauptsächlich darum, herauszufinden, wo die Kinder emotional stehen. Was ihnen Sorgen bereitet oder ob es vielleicht sogar Probleme mit Mobbing oder Gewalt in irgendeiner Form an unserer Schule gibt.“

Julia nickte schweigend und schielte auf das Blatt. Sie versuchte, die in roter Farbe gekritzelten Notizen zu entziffern.

Frau Wacker seufzte tief. „Nun, worüber Mia da schreibt, ist ziemlich beunruhigend. Und ich dachte mir, bevor ich die Schulpsychologin hinzuziehe, sollten wir beide uns erst einmal unterhalten. Vielleicht gibt es ja für alles eine ganz plausible Erklärung."

Sie sah nicht sehr überzeugt aus, und in Julias Hals bildete sich ein dicker Kloß.

Beunruhigend? Schulpsychologin? *Das muss alles ein Irrtum sein! Mein kleines Mädchen, mein fröhlicher Sonnenschein..., ich hätte doch bemerkt, wenn etwas nicht mit ihr stimmt.*

„Ich gebe Ihnen jetzt mal ein Beispiel, damit Sie verstehen, was ich meine."

„Ja bitte ...", stotterte Julia und hielt den Atem an.

„Mia erzählt hier von einem Mann, der nackt durch die Stadt gelaufen ist."

„Wie bitte? Bei uns? Nackt durch Baden?" Julia schüttelte fassungslos den Kopf. „Also, das kann nicht sein. Das wüssten doch alle. Da wäre doch in der Zeitung darüber berichtet ..."

„Nun, ich denke, es handelt sich wahrscheinlich um einen Exhibitionisten, der Mia belästigt hat. Hat sie denn nie mit Ihnen darüber gesprochen? Irgendetwas angedeutet?"

Julia konnte nur stumm den Kopf schütteln.

„Das ist leider noch nicht alles. Sie schreibt hier von einem Jungen, der andere mit einem Knüppel verprügelt hat. Ich nehme an, es handelt sich um einen Baseballschläger. Wir müssen also davon ausgehen, dass Mia Zeugin von brutaler Gewalt geworden ist."

Das Gesicht der Lehrerin verschwamm vor Julias Augen. Sie war so entsetzt, dass sie nicht mehr klar denken konnte.

Warum hat mir Mia denn nichts davon erzählt? Wollte sie mich nicht damit belasten oder vertraut sie mir nicht mehr?

„Und dann das hier." Frau Wacker klopfte mit dem Zeigefinger auf die mit Leuchtstift markierten Zeilen auf dem Blatt.

„Hier spricht Mia eindeutig von Tierquälerei. Sie erwähnt einen Frosch, der gegen eine Wand geschlagen wurde, und davon, dass jemand einem … einem Hund? Ich kann das nicht richtig entziffern, aber dem Tier wurde anscheinend der Bauch aufgeschnitten."

„Hören Sie, Frau Wacker." Julia musste sich zusammennehmen, um nicht hysterisch loszuschreien. „Das kann nicht sein. Wenn Mia so etwas erlebt hätte, dann hätte sie mir das ganz sicher erzählt! Mia liebt Tiere über alles, und sie hätte tagelang geweint und schlechte Träume gehabt. Ich kann mir das einfach nicht erklären. Sind Sie sicher, dass das wirklich Mia geschrieben hat? Das muss sich um eine Verwechslung handeln!"

Frau Wacker schüttelte bedauernd den Kopf. „Nein, da gibt es keinen Zweifel. Das ist eindeutig Mias Schrift, und da steht auch ihr Name. Bevor wir weitermachen, möchten Sie vielleicht ein Glas Wasser?"

Julia nickte erschöpft. *Weitermachen? Was kommt denn jetzt noch? Was um Gottes willen hat meine Kleine alles erlebt, und ich, ich weiß von nichts?*

Mit zitternden Fingern nahm sie das Glas, das ihr Frau Wacker reichte, und leerte es in einem Zug.

„Was Mia hier beschreibt, könnte sie vielleicht in irgendwelchen Filmen im Fernsehen mitbekommen haben. Sie schreibt hier über einen Mann, der Babys entführt. Von

Kindern, die eine alte Frau bei lebendigem Leib verbrannt haben, und einem Mann, dem das Herz herausgerissen wurde. Am meisten erschüttert scheint Mia über das Schicksal eines Mädchens zu sein, das anscheinend von Menschenhändlern zum Straßenverkauf gezwungen wurde und erfroren ist. Aber das Grausamste, worüber sie schreibt, sind die abgetrennten Köpfe von Frauen, die der Täter in einer Kammer aufbewahrt."

„Aufhören!", stöhnte Julia verzweifelt. „Bitte hören Sie auf. Das kann sich nicht um meine Tochter handeln, das ist vollkommen unmöglich!"

„Wie gesagt, ich denke, dass sich Mia ohne Ihr Wissen irgendwelche Horrorfilme angeschaut hat. Soviel ich weiß, ist Ihre Tochter ja oft alleine zu Hause. Kinder sind neugierig und können gar nicht abschätzen, welche katastrophalen Folgen es haben kann, wenn sie sich solche Dinge anschauen. Vor allem in diesem Alter."

Julia rieb sich die Stirn. Ihre Gedanken drehten sich im Kreis. Mia würde sich niemals mit solch schrecklichen Dingen beschäftigen, und selbst wenn. Wenn sie tatsächlich einmal aus Versehen … oder heimlich … *Sie hätte doch mit mir darüber geredet!*

Julia schlug mit der flachen Hand auf das Pult, und Frau Wacker zuckte zusammen.

„Bitte entschuldigen Sie", sagte Julia. „Aber im Moment habe ich das Gefühl, ich befinde mich in einem schlechten Traum. Ich kenne meine Tochter, ich verstehe das alles einfach nicht!"

Frau Wacker tätschelte ihr beruhigend den Arm. „Ich bin selbst ja auch schockiert, und deshalb wollte ich zuerst mit Ihnen reden, bevor ich die Sache weitergebe."

„Und ich, ich rede jetzt erst einmal mit meiner Tochter!" In Julias Stimme schwang Zorn. „Geben Sie mir diese

Blätter, ich werde Mia selbst befragen. Und ich bin mir absolut sicher, dass es eine ganz einfache Erklärung gibt!"

„Na gut, das ist vielleicht so am besten?" Frau Wacker sah sie zweifelnd an, aber dann schob sie die Papiere zusammen. „Bitte warten Sie einen Moment, ich mache Ihnen eine Kopie."

Mia saß auf einer Bank auf dem Spielplatz in der Unteren Halde. Mit einem lauten Knall klappte sie das dicke Buch auf den Knien zu. Sie hatte gerade das letzte Kapitel zu Ende gelesen, und jetzt musste sie sich erst einmal erholen.

Und Gedanken machen über diese unglaublichen Geschichten. Aber wenigstens hatte sie nicht die ganze Zeit darüber nachdenken müssen, dass genau jetzt ihre Mutter bei der Lehrerin war. Und über sie geredet wurde. Mia hatte nichts ausgefressen, die letzten Noten waren gut gewesen, trotzdem hatte sie ein mulmiges Gefühl.

Oliver kam mit einer kleinen Plastikschaufel bewaffnet auf sie zu gewackelt. Er war fünf Jahre alt und wohnte mit seinen Eltern eine Etage unter ihr.

„Was machst du?", fragte er.

„Ich habe das Buch zu Ende gelesen, und jetzt bringe ich es zurück in die Stadtbibliothek."

Oliver riss die Augen auf. „Echt? Soooo ein dickes Buch hast du gelesen? Also alles, was da drinsteht?"

„Ja sicher." Mia lächelte. „Ich lese viele Bücher, ich liebe Bücher! Mama sagt, ich sei ein richtiger Bücherwurm."

Oliver klopfte sich den Sand von den nackten Knien und kletterte zu ihr auf die Bank. Er hatte dringend eine Pause nötig. Sein Projekt, die größte Burg aller Zeiten zu bauen, wollte einfach nicht gelingen. Kein Wunder, wenn sich so viele Kinder gleichzeitig im Sandkasten tummelten. Irgendwer trampelte immer irgendwo herum.

„Liest du mir aus dem Buch vor?“, fragte er und baumelte mit den Beinen.

Mia schüttelte den Kopf. „Nein.“

„Du bist doof. Wieso nicht?“

„Du bist noch viel zu jung für solche Geschichten. Davon bekommst du schlimme Träume, und ich bin dann schuld daran.“

„Sind da Bilder drin?“ Oliver wollte nach dem Buch greifen, und Mia zog es schnell aus seiner Reichweite.

„Lass das! Deine Finger sind ganz schmutzig, und das Buch gehört mir ja nicht. Ich bekomme Ärger, wenn es Flecken bekommt!“

Oliver musterte seine mit Sand panierten Finger. „Gar nicht schlimm. Aber du kannst ja blättern und mir die Bilder zeigen. Ich fass bestimmt nichts an.“

Mia seufzte. Oliver war ein Plagegeist, und wenn er sich etwas in den Kopf gesetzt hatte, gab er keine Ruhe mehr.

„Wie heißt denn das Buch überhaupt?“

„Das große Märchenbuch. Da drin stehen hundert Märchen aus ganz Europa.“

„Echt? So viele?“

„Ja, so viele. Ist ja auch ein dickes Buch,“ antwortete Mia.

Hundert Geschichten, und manche waren wirklich gruselig. Und auf keinen Fall würde sie dem kleinen Jungen etwas vorlesen.

Und so steckten sie die Köpfe zusammen und betrachteten gemeinsam die wunderschönen Illustrationen. Vom Kaiser, der nackt vor seinem Volk herumstolzierte. Vom Wolf und den sieben Geißlein, vom Tischlein deck dich und Knüppel aus dem Sack, von Hänsel und Gretel und von dem Mädchen mit den Schwefelhölzchen. Aber bei der Geschichte vom König Blaubart klappte Mia das Buch entschlossen zu.

Das war nun doch echt zu gruselig. Das mit den abgetrennten Köpfen!

Die Bienenköniginnen

Schauen Sie sich auch manchmal einen Krimi im Fernsehen an? Ich tue das oft, unsereins muss sich schließlich fortbilden.

Meistens bin ich ziemlich frustriert, weil ich fast immer schon nach ein paar Minuten errate, wer der Täter oder die Täterin ist. Kein Kunststück, denn wenn gleich am Anfang ein prominenter Schauspieler durchs Bild huscht und zwei, drei Sätze murmelt, ist doch die Sache klar. Denn der oder die würde nie im Leben eine unbedeutende Nebenrolle annehmen.

Ich beneide die Drehbuchautoren von Krimiserien nicht. Sie müssen sich fast wie am Fließband Mordszenarien ausdenken und die Sache möglichst verkomplizieren, damit die wöchentliche Sendezeit ausgefüllt ist. Das gelingt mal mehr und mal weniger gut. Beweggründe, weshalb man jemanden um die Ecke bringt, gibt es unzählige. Oft geht es um Hass, Eifersucht, Rache, oder um Geld. Aber manchmal ist der Auslöser ganz banal ... Man will seine Ruhe haben.

„Gleich ist es so weit, und wir können loslegen!“ Nico blickte stolz in die Runde. Es war nicht einfach gewesen, so eine perfekte Glut hinzubekommen, wie sie nun zwischen den Steinen flimmerte. Aber er war lange genug bei den Pfadfindern gewesen.

„Wurde aber auch Zeit“, knurrte Irmi und rutschte auf ihrem Klappstuhl herum. „Ich habe Hunger!“

Nico war ein wenig enttäuscht, er hätte sich jetzt schon ein Lob erhofft. Aber alle außer der fast neunzig Jahre alten Irmi waren beschäftigt.

Ihre Tochter Mathilde öffnete eine Flasche Wein, ihre Enkelin Sofia spießte die Würste auf die mitgebrachten Stecken, und ihre Urenkelin Lara futterte Chips.

„Komm, setz dich endlich mal hin“, sagte Lara und klopfte auf die Decke, die sie auf dem Boden ausgebreitet hatte.

„Wenn ich wirklich nichts mehr helfen kann?“

„Jetzt chill mal!“ Lara grinste ihn an, und Nico setzte sich im Schneidersitz neben sie.

So nah wie möglich, ohne den Anstand zu verletzen. Am liebsten hätte er jetzt ein wenig herumgeknutscht, aber er wollte es sich mit niemandem verscherzen. Er war Fünfzehn, total verliebt in Lara, und heute hatte sie ihn zum ersten Mal ihrer Familie vorgestellt. Ihn mitgenommen auf diesen Grillausflug am Waldrand auf der *Baldegg*.

Nico hatte das Auto mit den Lebensmitteln beladen, sich auf dem Rücksitz zwischen die Urgroßmutter und die Großmutter gequetscht, die ganzen Taschen durch den Wald geschleppt und Feuer gemacht. Er wollte unbedingt einen guten Eindruck machen.

„Ist das nicht süß, wie viel Mühe er sich gibt?“, kicherte Mathilde.

„So sind sie alle am Anfang“, brummte Irmi und hielt ihrer Tochter das Glas hin. „Sei nicht so knauserig, und schenk mal richtig ein.“

„Ich wäre auch gerne wieder einmal verliebt“, seufzte ihre Enkelin Sofia.

„Du weißt, wie das immer endet. Also hör auf, Unsinn zu reden, und kümmere dich um die Würstchen. Nicht dass die noch schwarz werden. Ich hätte sowieso lieber ein Steak gehabt."

Sofia verzog den Mund und gehorchte. Omami zu widersprechen war völlig sinnlos, und außerdem hatte sie ja recht. Wenn der Alltag einzog, entpuppte sich so mancher Romeo als Sesselkleber – oder notorischer Schürzenjäger. Trotzdem würde sie sich noch in das eine oder andere Liebesabenteuer stürzen, schließlich war sie ja gerade erst vierzig geworden.

Nichts war angebrannt, die Salate hatten gut geschmeckt, und das Knoblauchbrot hatten sie bis zum letzten Krümel verdrückt. Nun wurde es langsam dunkel.

„Leg noch ein wenig Holz nach, Nico", bat Laras Mutter. „Gleich gibt es noch Kaffee und etwas Süßes dazu."

„Hast du an den Cognac gedacht?" Irmi rüttelte an ihrem Klappstuhl. Inzwischen tat ihr der Hintern weh. Aber es war wohl besser, wenn sie sitzen blieb. Hier war alles voller Wurzeln, und sie fragte sich jetzt schon, wie sie in der Dunkelheit heil zum Auto zurückkommen sollte.

Laras neuer Laufbursche kann mich ja tragen, dachte sie und kicherte. *Na, soweit kommt's noch!*

Als es dunkel war, saßen alle mit ihren Kaffeebechern in der Hand um das knisternde Feuer. Es roch ziemlich streng nach Cognac, denn Sofia hatte großzügig eingeschenkt. Sogar in Nicos und Laras Becher hatte sie einen kleinen Schluck gekippt.

„Ausnahmsweise", hatte sie augenzwinkernd gesagt.

„Hat eine von euch am Sonntag den Tatort geschaut?“, fragte Mathilde.

„Ja, ich.“ Ein einstimmiger Frauenchor, und Nico konnte sich ein Grinsen nicht verkneifen.

„Das war vielleicht ein Käse!“, empörte sich Irmi.

„Also ich fand ihn gut“, erwiderte Sofia.

„Na, wenn ihr mich fragt, ich fand das Mordmotiv sehr plausibel, ich hätte den Kerl auch umgebracht“, sinnierte Mathilde.

„Das steht ja wohl außer Frage! Aber wie dumm kann man sich denn anstellen?“ Irmi schnaubte und schüttelte den Kopf. „Selbst der dämlichste Hilfssheriff hätte diese Gans überführen können.“

„Die Frau hat ja im Effekt gehandelt“, mischte sich nun Lara ein. „Wie sollte sie da einen kühlen Kopf bewahren. Außerdem blieb ihr ja kaum noch Zeit, um die Spuren zu verwischen, weil doch ihre Freundin schon vor der Tür stand!“

„Genau das meine ich doch!“, knurrte Irmi. „Im Affekt! Man lässt sich nicht einfach hinreißen und rennt danach kopflos wie ein Huhn durch die Gegend.“

Mathilde wollte ihrer Enkelin beistehen. „Lara ist noch sehr jung, Omami. Da betrachtet man die Dinge mit viel mehr Emotionen.“

„Tsts, Emotionen. Die helfen dann auch nicht mehr, wenn man hinter Gittern hockt.“ Irmi spähte in ihren Becher. Wie bitte? Schon wieder leer? „Ich nehme noch einen Kaffee. Oder, wenn der schon alle ist, reicht auch Cognac.“

Nico hatte den Tatort nicht gesehen. Er bevorzugte Actionfilme und manchmal auch Fantasy, aber nur, wenn darin auch die Fetzen flogen. Doch er wollte unbedingt mitreden. Vielleicht konnte er Punkte sammeln.

„In diesen Krimis erwischen sie die Mörder immer, egal, wie die das anstellen. Die haben keine Chance", erklärte er mit Kennermiene.

„Ach, und wie würdest du denn das anstellen, junger Mann?"

Befeuert von der Aufmerksamkeit und vom zweiten Cognac, den er eben getrunken hatte, sprang Nico hoch.

„Ich würde mir ein Gewehr mit Zielfernrohr besorgen, und dann aus sicherer Entfernung … bäm, bäm, bäm!"

Mit einem imaginären Maschinengewehr in den Händen drehte er sich im Kreis. „Bäm, bäm, bäm!"

„Der Herr steh uns bei. Was für ein Trottel!", stöhnte Irmi.

Nico schien das nicht gehört zu haben und ließ sich mit einem letzten „Bäm!" neben Lara auf die Decke fallen.

Hastig versuchte Sofia abzulenken, bevor Irmi weitersticheln konnte. „Also dann mal raus mit brauchbaren Vorschlägen! Wie bringt man jemanden um, ohne gefasst zu werden?"

„*Du* könntest bestimmt jemanden zu Tode plappern." Der Sarkasmus in Irmis Stimme war nicht zu überhören.

„Legosteine vor der Treppe verstreuen", murmelte Mathilde.

Lara kicherte. „Ich weiß was Besseres! Auf einen Stuhl fesseln, Kopfhörer auf und mit Volksmusik in den Wahnsinn treiben."

Nico lachte laut. „Also bei mir würde das funktionieren. Aber das würdest du mir doch nie antun, nicht wahr, meine Süße?"

„Wart's ab, Jungchen", zischte Irmi.

„Mit einer gefrorenen Lammkeule erschlagen und dann das Beweisstück braten und aufessen", sagte Sofia.

„Irgendwas mit Strom!", rief Nico. So langsam machte ihm die Sache Spaß.

„Nein, das kannst du vergessen", widersprach Mathilde. „Früher ging das. Aber heute gibt es in jedem Haushalt einen Fehlerstrom-Schutzschalter. Das verhindert einen tödlichen Schlag. Alles, was du damit erreichst, sind ein paar angesengte Haare." In ihrer Stimme schwang Bedauern.

„Oh!" Nico runzelte die Stirn. Die Sache schien gar nicht so einfach.

„Knollenblätterpilz", rief Lara.

„Ach ja, alte Schule." Irmi seufzte wehmütig.

„Gas hat sich immer gut bewährt", murmelte Mathilde.

„Aber auf keinen Fall in einem Mehrfamilienhaus!", rief Lara. „Denk doch nur an all die Unschuldigen, die bei einer Explosion verletzt und ums Leben kommen könnten."

„Genau! Viel zu brutal!" Irmi war stolz auf ihre Urenkelin. Ein gutes Kind.

„Im Winter in die Tiefkühltruhe sperren und dann die gefrorene Leiche irgendwo im Tiefschnee ablegen. Allerdings …" Mathilde hob die Hand, bevor ihr Nico begeistert zustimmen konnte.

„… dafür muss man heutzutage leider in die Berge fahren. Hier unten haben wir ja keine richtigen Winter mehr. Bei einer Temperatur von gerade mal null Grad funktioniert das nicht."

Die vier Frauen seufzten einstimmig.

„Da haben es die Tiere leichter, da kräht im wahrsten Sinne des Wortes kein Hahn danach, wenn sie ihre Männchen abmurksen."

Nico war sich nicht sicher. Hatte das jetzt Mathilde oder Laras Mutter gesagt? Er fühlte sich ein wenig schläfrig, wahrscheinlich vom Cognac, bisher hatte er höchstens mal ein Bierchen getrunken. Er legte den Kopf auf Laras Schulter und blinzelte in die Flammen.

„Genau!“, lachte Sofia. „Denkt doch nur an diese Spinnen, die fressen die Männchen nach der Pflichterfüllung auf.“

„Igitt!“, stöhnte Lara.

„Deshalb heißen sie auch schwarze Witwen, mein Kind“, sagte Irmi. „Ziemlich kluge Viecher, was die sich für Ärger ersparen!“

„Die Gottesanbeterinnen sind noch schneller“, rief Mathilde. „Die fressen die Männer schon während …“

„Iiieeh!“, kreischte Lara und schüttelte sich. Nico blieb nichts übrig, als sich wieder aufrecht hinzusetzen. „Hört auf damit, das ist ja eklig, pfui Teufel!“ Lara hob die Hände.

„Was hast du denn?“ Irmi wackelte verständnislos mit dem Kopf. „Ist doch ein schöner Tod, wenn du mich fragst.“

„Nein, ich finde das gruselig.“

„Ja, hört auf damit“, sagte Sofia. „Mein Töchterchen ist noch nicht so abgebrüht wie wir.“

Nico war plötzlich wieder hellwach und musterte die Frauen. Vier Generationen waren hier versammelt. Und plötzlich fiel es ihm auf.

Sie waren alle alleinstehend.

„Die Bienen sind ja nicht ganz so brutal. Aber am Ende läuft es auf dasselbe hinaus“, murmelte Mathilde. „Entweder werfen sie die Drohnen aus dem Stock oder lassen sie ganz einfach verhungern.“

„Was guckst du denn so, Jungchen?“, fragte Irmi.

„Wart ihr alle einmal verheiratet?“ Nicos Gesicht verfärbte sich knallrot, und er hätte sich selbst ohrfeigen können. Was für eine dämliche Frage und peinlich obendrein. Das sah ja jetzt so aus, als denke er …

Irmi lachte vergnügt. „Ja sicher, mein Jungchen. Zu meiner Zeit ist einer Frau gar nichts anderes übriggeblieben, als sich vor den Traualtar zu bemühen. Drei Männer habe ich zu Grabe getragen, Gott hab sie selig!“

„Ich zwei“, sagte Mathilde und stocherte mit einem Stecken in der Glut. Rote Funken wie Glühwürmchen tanzten durch die Luft.

„Ich bin ja auch schon verwitwet“, sagte Sofia und lächelte ihn freundlich an.

Oh Gott! Und was ist all diesen Männern passiert? Nico schluckte schwer. Irgendetwas hatte sich in seinem Hals verkeilt, schnürte ihm die Luft ab.

Hinter den aufsteigenden Rauchschwaden, den wirbelnden Funken, verblassten die Frauen. Ihre schemenhaften Körper schienen sich zu verformen, und ihre Gesichter zogen sich in die Länge.

Nico rieb sich über die Stirn, und als er wieder aufsah, saßen sie nebeneinander im Schein des Feuers. Aufrecht und stolz wie Königinnen. Er schob es auf den Alkohol, denn einen Moment blickte er in dunkle Facettenaugen.

Augen wie von Insekten.

Bienenköniginnen.

Der Wunschpunsch

In der Adventszeit lohnt sich ein Besuch in der Stadt Baden ganz besonders. Wenn Tausende kleine Lichter in den Straßen und Gassen funkeln, wird auch eingefleischten Weihnachtsmuffeln warm ums Herz.

Man muss einfach nur den Lämpchen folgen und entdeckt den „Winterzauber" auf dem Bahnhofplatz, das „Wunderdorf" auf dem Theaterplatz und ein weihnachtliches „Dörfchen" auf dem Cordulaplatz. Liebevoll gestaltet, erfüllt von Tannenduft und dem Odeur himmlischer Kulinarik. Kurz gesagt, man fühlt sich wie im Märchen. Wer hungrig nach Hause geht, ist selbst schuld. Verdursten muss auch niemand, denn es gibt natürlich auch Glühwein und Punsch in allen Varianten.

Nicht alle schaffen es, der Hektik zu entfliehen und die Adventszeit friedlich zu genießen. Vor allem dann, wenn innerhalb der Familie kein Friede herrscht ...

Lina glitt elegant über das Eisfeld und umrundete schwungvoll die Tollpatsche, die sich mit wackeligen Knien auf den Kufen hielten und eine Robbe vor sich herschoben.

Ja, Robben aus rotem und blauem Plastik, an denen man sich festhalten konnte wie an einem Rollator. Nur ohne Räder.

Lina hatte solch läppischen Beistand nicht nötig, sie fühlte sich gerade wie eine Eiskunstlaufprinzessin.

Allerdings war die Eisfläche, die hier mitten in der Stadt im „Wunderdorf“ den Leuten zum Vergnügen diente, nicht besonders groß. Streng genommen sogar viel zu klein und zu überfüllt für den Sprung, den Lina gerne vorgeführt hätte.

Ein Frust mehr in ihrem kurzen Leben. Und wenn man zwölf Jahre alt war und sich mit so einer Familie herumschlagen musste, gab es davon mehr als genug.

Ihre Laune war wieder einmal auf dem Tiefpunkt.

„Jetzt komm endlich, wir müssen nach Hause!“, rief ihre Mutter Antonia.

Lina bremste vor dem Zaun und salutierte. „Zu Befehl, Frau General!“

„Unverschämt“, schimpfte Opa Gino. „Das Gör ist völlig verzogen, keinen Respekt!“

Antonia rollte mit den Augen und drehte ihm den Rücken zu, um seiner Alkoholfahne zu entkommen. Ihr Großvater hatte schon tüchtig gebechert.

„Ja, komm endlich!“, krähte Kevin wütend. „Ich habe kalte Füße!“

Er fand den ganzen Ausflug einfach nur doof. Seine Schwester und dieses Eisfeld sowieso. Nie und nimmer hätte er auch nur eine Kufe daraufgesetzt. Schließlich war er ja fast ein Profi. Mit zehn Jahren schon der Star in der Juniorliga des Eishockeyclubs.

Sein Vater Erwin drängelte sich, mit einem verschnürten Weihnachtsbaum auf der Schulter, durch die Menschenmenge.

„Da seid ihr ja!“, rief er keuchend. Der Baum schien ziemlich schwer zu sein. „Beeilung jetzt! Dann erwischen wir noch den nächsten Bus!“

Der Bus hielt nicht weit entfernt von ihrem Haus in *Dättwil*, und Kevin rannte schon mal voraus.

„Wird auch Zeit, dass ihr nach Hause kommt!“, schimpfte Tante Melda, als er an ihr vorbeiflitzte.

„Ja, ja“, murmelte er und schnappte sich die Spielkonsole vom Tisch.

„Was hast du gesagt? Du musst deutlich reden!“ Tante Melda hielt sich die Hand hinter das Ohr und sah ihn strafend an.

„Die anderen kommen gleich!“, brüllte Kevin und machte sich davon.

Zweimal im Jahr kam sie zu Besuch, aber an Weihnachten war es der blanke Horror. Da blieb sie mindestens für fünf Tage. Und er, als der Jüngste in der Familie, musste es ausbaden. Er musste ihr sein Zimmer überlassen und bei Lina auf einer Matratze am Boden übernachten. Der Horror, echt der Horror!

Melda war die Schwester von Uropa Gino. Schwerhörig, eigensinnig, und ständig hatte sie etwas zu meckern. Kevin fand sie schlimmer als seine Schwester, und das wollte etwas heißen.

Kevin wusste, dass er nicht der Einzige war, der sie nicht ausstehen konnte. Niemand aus der ganzen Familie mochte sie. Aber anscheinend gab es ein ungeschriebenes Gesetz, das verlangte, dass an Weihnachten alle zusammenglucken mussten. Und morgen würden zu allem Übel auch noch die Eltern seines Vaters eintrudeln.

Weihnachten könnte doch so schön sein. Mist!

Erwin lag schwitzend auf dem Boden und drehte an einer der Schrauben des Plastikständers. Der vermaledeite Baum wollte einfach nicht geradestehen.

„In welche Richtung?“, brüllte er verzweifelt.

„Nach links, Papa“, sagte Lina, um sich gleich wieder in ihr Smartphone zu vertiefen.

„Unsinn, junge Dame!“ Opa Gino fuchtelte mit den Händen. „Nach rechts natürlich!“

„Ja was denn jetzt?“ Erwin wünschte sich gerade die gesamte Familie ins Pfefferland. Sie hockten alle mehr oder weniger untätig im Wohnzimmer, während er sich abrackerte, damit endlich weihnachtliche Stimmung aufkam.

„Ich denke, es ist jetzt gut so, mein Schatz“, sagte Antonia seufzend.

Im Moment war ihr der Baum sowieso egal. Sie hatte gekocht und dabei Rücksicht auf alle Wünsche genommen. Auf ihre Tochter Lina, für die Kalorien gerade der Inbegriff des Bösen waren. Opa Gino, der kaum satt zu bekommen war. Kevin, der als Hockeyspieler viel Eiweiß essen wollte, und Tante Melda. Die litt unter Altersdiabetes und der schmeckte sowieso nichts. Die würde wahrscheinlich auch jeden Sternekoch anschnauzen.

Antonia hatte ihr Bestes gegeben, und jetzt war sie todmüde. Dabei sollte sie eigentlich schon mit den Vorbereitungen für morgen beginnen. Da würden sich noch mehr Leute um den Tisch versammeln.

Der Herr steh mir bei!

„Das wird nie etwas!“, schimpfte Melda. „Dieser Baum ist die reinste Katastrophe. Ein mickriges Ding, krumm gewachsen, und außerdem verliert er jetzt schon alle Nadeln! Wie konntest du dir denn nur so einen Krüppel andrehen lassen. Aber das ist ja mal wieder typisch!“

Erwin rappelte sich mit hochrotem Kopf auf. *Noch ein Wort, und ich drehe ihr den Hals um*, dachte er.

„Gib Ruhe, Weib“, sagte Gino kopfschüttelnd. Er fand seine Schwester wieder einmal unmöglich. „Sei dankbar, dass man uns wieder eingeladen hat.“

„Bin ich ja!“, jammerte Melda. „Und ich mache mich doch auch nützlich. Ich habe den Salat gewaschen und das Gemüse geputzt, während ihr euch in der Stadt verlustiert habt. Und außerdem habe ich einen Punsch gemacht. Natürlich ohne Alkohol, extra wegen der Kinder. Könnte den jetzt vielleicht jemand holen? Ich würde gern ein Schlückchen trinken.“

„Ich geh schon“, sagte Gino. Er dachte daran, wie er in der Küche den Punsch probiert hatte und zu dem Schluss gekommen war, das da noch etwas fehlte. Also hatte er kräftig Rum hineingeschüttet.

„Auch, wenn du einen Punsch ohne Alkohol gemacht hast, sollten die Kinder heute Abend nichts mehr davon trinken“, sagte Antonia streng.

Sie dachte an die beiden Schlaftabletten, die sie darin aufgelöst hatte. In der Hoffnung, dass Melda etwas länger schlafen und ihr nicht schon in aller Herrgottsfrühe in der Küche auf die Füße treten würde. Antonia war sich sicher gewesen, dass außer Melda niemand dieses Gebräu anrühren würde.

„Ich hol ihn“, sagte Erwin. „Ich muss mir jetzt sowieso die Hände waschen. Hoffentlich bringe ich dieses Harz jemals wieder von den Fingern!“

In der Küche schnupperte er an dem Topf, der auf der warmen Herdplatte stand. Nach kurzer Überlegung griff er in einen Schrank und packte die Flasche mit dem Kirschwasser. Beherzt schüttete er zwei große Schlucke in die simmernde Flüssigkeit.

Dann schläft Melda hoffentlich ein und hält endlich mal die Klappe!

„Wer möchte?“ Antonia hielt zwei Becher in der Hand.

„Ich. Das sagte ich doch schon“, grummelte Melda und rutschte auf die Kante ihres Sessels.

„Hier, bitte schön.“ Antonia füllte mit der Schöpfkelle den Becher bis fast an den Rand. „Niemand sonst?“

Sie war sehr erleichtert, als alle anderen abwinkten.

Melda nahm einen großen Schluck und riss überrascht die Augen auf. „Kinder, da verpasst ihr aber etwas. Diesmal ist mir der Punsch wirklich besonders gut gelungen!“

Während ihr die Flüssigkeit den Magen wärmte und ihre Bäckchen rot erblühen ließ, versuchte sie sich zu erinnern, was sie denn diesmal anders gemacht hatte. Es gelang ihr nicht, und eigentlich war es ja auch egal. Es schmeckte! Und wie!

„Schenk mir doch noch mal nach!“

Dass sich der Rest der Familie nach und nach zurückzog, bekam sie nicht mehr mit.

Als Lina eingeschlafen war, kroch Kevin unter seiner Decke hervor. Er wollte endlich sein Handy aufladen. Er war gerade noch einen halben Meter von Linas Pult entfernt, als sie ihn zu Tode erschreckte.

„Wage es ja nicht, meinem Telefon den Stecker zu ziehen, sonst wirst du deine Pubertät nicht erleben!“

Die schläft anscheinend mit offenen Augen! Seine Knie wackelten immer noch. „Aber ich kann doch nicht in mein Zimmer, sonst wird die Alte wach. Und ich muss meines auch mal wieder aufladen!“, flüsterte er empört.

„Das kannst du im Wohnzimmer machen“, zischte Lina und warf ihm ein Kissen an den Kopf. „Hau ab, du Zwerg!“

„Blöde Ziege!“, fauchte er zornig, aber was blieb ihm schon übrig.

Im Dunkeln tapste er die Stufen hinunter. Im Wohnzimmer brannte nur eine kleine Tischleuchte. Melda hing seltsam verrenkt, mit weit von sich gestreckten Beinen, in ihrem Sessel. Kevin wollte auf Zehenspitzen an ihr vorbeihuschen, als sein Blick auf den Topf mit dem Punsch fiel. Er hatte seiner Schwester einen Streich spielen wollen und heimlich in der Küche, vier gehäufte Esslöffel Zucker darin verrührt. Weil Lina seit neuestem so ein Theater veranstaltete, von wegen Zucker und Kalorien und so.

Er hätte es ihr unter die Nase gerieben, wenn sie von dem Punsch getrunken hätte. Hatte sie aber nicht.

Stattdessen hatte Tante Melda den Topf fast geleert.

Mann, die hat doch Diabetes! Er schluckte schwer. *Ist sie ohnmächtig? Hat sie einen Anfall gehabt?*

Der Angstschweiß brach ihm aus allen Poren, als er sich zu ihr beugte. *Die sieht echt komisch aus!*

„He, hallo? Tante Melda! Willst du nicht lieber ins Bett gehen?"

Keine Reaktion. Also klopfte er ihr auf die Wange. „Hallo? Hallo, nun wach doch auf. Alle sind schon ins Bett gegangen!"

Ihre Wange fühlte sich seltsam kalt an, und sie rührte sich nicht.

Ich habe Tante Melda umgebracht!

Ein paar Sekunden stand er gelähmt vor Schock einfach da, dann knipste er die Lampe aus und schlich wie in Trance zurück in sein Bett.

Lina erwachte vom Knurren ihres Magens. Sie hatte den ganzen Tag kaum etwas gegessen, und jetzt hatte sie Hunger. Diese neue Diät, die auf Instagram so gefeiert wurde, war echt hart. Aber Nüsse, ja Nüsse, die waren erlaubt.

Wenn ich schon sündige, dann mit den guten, dachte sie, als sie an Kevin vorbeischlüpfte, der sich auf seiner Matratze wälzte und im Schlaf vor sich hin jammerte.

Ihre Mutter hatte die teure Nussmischung, Schokoladenengel und weitere Leckereien für Weihnachten, vor dem Vielfraß Uropa Gino im Wohnzimmerschrank versteckt.

Im Dunkeln ging Lina zielstrebig darauf zu, stolperte über etwas, das sonst nicht da war, und riss es mit sich. Sie landete, nach Luft schnappend, auf dem Bauch.

„Aua!" Verwirrt rappelte sie sich auf und machte Licht.

Das Hindernis, das sie zu Fall gebracht hatte, lag verkrümmt auf dem Boden.

„Tante Melda?"

Sie rührte sich nicht, und das Geräusch, das Lina während dem Sturz gehört hatte, verursachte ihr nachträglich eine Gänsehaut.

Gebrochen. Es hatte so geklungen, als breche ein Stück Holz.

„Tante Melda!" Lina kniete sich hin und schüttelte sie. Nichts. Genauso gut hätte sie eine Puppe schütteln können.

Oh Gott, das war ihr Genick! Ich habe sie umgebracht!

Sie schlug sich auf den Mund, um den Schrei zu unterdrücken, der in ihrer Kehle aufstieg.

Ich bin eine Mörderin! Ich bin erledigt.

Sie stellte sich vor, wie ihr Leben in Zukunft verlaufen würde. Welche Shitstorms über sie hereinbrechen würden. Alle ihre Freunde würden sie meiden. Sie würde von der Schule fliegen und in ein Heim für straffällige Jugendliche kommen!

Ich bin so gut wie tot.

Daran war jetzt nichts mehr zu ändern. Aber bevor sie sich in ihr Schicksal ergeben würde, brauchte sie noch etwas Zeit. Um Abschied zu nehmen von ihrem Leben als ganz normaler Teenager. Lina wankte mit hängendem Kopf zurück in ihr Bett.

Gino erwachte mit Magenbrennen. Eigentlich sollte ein Mann in seinem Alter ja wissen, dass man sich so spät abends nicht vollstopft wie eine Weihnachtsgans. Aber alles Wissen nützte nichts, wenn man ständig Hunger hatte. Außerdem gab es für solche Fälle ja Magenbitter.

Gino krabbelte aus dem Bett, zog seine Pyjamahose hoch, kratzte sich die behaarte Brust und schlich barfuß nach unten.

Der Magenbitter wurde in der Minibar im Wohnzimmer aufbewahrt. Er war leicht zu finden. Aber Gino fand etwas ganz anderes …

„Was zum Kuckuck? Melda?“

Sie lag tot auf dem fadenscheinigen Perserteppich. Sein Schreck war größer als seine Trauer. Denn seine Schwester war eine Strafe Gottes für Gino. Gewesen, um genau zu sein.

Er hatte sich immer gewünscht, die wenigen Jährchen, die ihm mit ein wenig Glück noch blieben, in Frieden und Ruhe zu verbringen. Also ohne Melda, die gleich nebenan in einem Zimmer im selben Altersheim residierte. Und ständig unaufgefordert bei ihm hereinplatzte, mit ihm am Tisch aß und die ganze Zeit schimpfend an seinem Rockzipfel hing.

Jetzt ist Ruhe.

Und ich habe sie umgebracht, dachte er nach einem Blick in den fast leeren Topf. Zu viel Rum, aber wie hätte ich wissen sollen, dass sie sich gleich so viel hinter die Binde kippt?

Gino kratzte sich am Bauch. Was jetzt? Eine tote Großtante würde alles ruinieren. Die weihnachtliche Stimmung, die Vorfreude auf all die guten Menüs, die für die nächsten Tage geplant waren.

Denn weder Antonia noch sonst jemand würde sich jetzt ums Essen kümmern.

Das kann ich nicht zulassen! Wer weiß, ob ich nächste Weihnachten noch erlebe!

Es gab nur eine Lösung für dieses Dilemma. Gino packte Melda an den Armen. Die Leiche musste verschwinden, wenigstens bis nach dem Fest. Er würde ihre Sachen packen und behaupten, dass der alten Frau der Rummel zu viel geworden wäre und sie zurück ins Heim gefahren sei.

Und alle werden froh darüber sein!

Verschrumpelt, mager und knochig wie ein altes Suppenhuhn, so war ihm seine Schwester immer vorgekommen. Aber jetzt schien sie eine Tonne zu wiegen. Er zog und zerrte sie übers Parkett, während ihm der Schweiß aus allen Poren strömte.

„Himmel noch mal, jetzt mach dich doch nicht so schwer!“, stöhnte er flüsternd.

Er wollte Melda in die Garage bringen. Dort stand so viel Gerümpel herum, dass nicht mal mehr das Auto hineinpasste. Niemand von der Familie verirrte sich dahin. Ein Tuch drüber und fertig.

Er hatte es mit ihr gerade bis zum Fuß der Treppe geschafft, als oben eine Tür aufging und er Antonias Stimme hörte.

„Ich habe solchen Durst, Schatz. Du auch? Soll ich dir etwas mit hochbringen?“

Gino blieb das Herz stehen. Sein Gehirn füllte sich vor Entsetzen mit grauer Watte. Wie sollte er denn das jetzt nur erklären? Es fiel ihm nichts ein.

Also gar nicht, aber dafür schnell weg!

Gino flüchtete sich in die Küche. Sobald Antonia ihre Tante entdeckt hatte, das Geschrei und der Tumult losging, würde er sich zurück in sein Zimmer schleichen. Und erst mal abwarten.

„Schatz! Schatz, wach auf!"

Erwin stöhnte und wollte sich zur Seite rollen, aber anscheinend war ihm heute Nacht ein ungestörter Schlaf nicht vergönnt.

„Was ist denn?" Mühsam öffnete er die Augen.

Antonia saß kreidebleich mit weit aufgerissenen Augen neben ihm auf der Bettkante.

„Ist was mit den Kindern?", fragte er erschrocken.

Antonia schüttelte den Kopf. „Tante Melda ist tot."

„Tot? Wie jetzt …" Erwin war noch ganz benommen und versuchte die Nachricht irgendwie zu begreifen. Tot?

Antonia packte seine Hand. „Ich … ich bin schuld an ihrem Tod!", stammelte sie. In ihren Augen sammelten sich Tränen.

„Was? Wieso …, was redest du denn da?" Das musste ein Traum sein, ganz bestimmt.

„Sie liegt unten an der Treppe. Sie war wahrscheinlich völlig benommen und ist gestürzt, weil …, weil ich Schlaftabletten in den Punsch getan habe!" Die letzten Worte gingen in einem lauten Schluchzen unter, und Antonia warf sich ihm an die Brust.

Erwin schlang die Arme um sie, und so langsam dämmerte es ihm. Antonia hatte Melda ruhigstellen wollen, ohne zu ahnen, dass er noch eine halbe Flasche

Kirschwasser in den Punsch gekippt hatte. Das war wohl wirklich zu viel gewesen für das alte Haus.

So benebelt, wäre ich wahrscheinlich auch aus den Pantoffeln gekippt.

„Beruhige dich, mein Schatz. Hör mir bitte zu. Das ist nicht deine Schuld, glaub mir. Also nicht allein, denn ich habe ja auch …"

Es war bereits zwei Uhr nachts, als sie zu einem gemeinsamen Entschluss kamen. Auf keinen Fall durften die Kinder Meldas Leiche zu Gesicht bekommen, das könnte sie für den Rest des Lebens traumatisieren. Sie wollten es ihnen beim Frühstück schonend beibringen, und auch, dass ihre Eltern zur Polizei gehen und ein Geständnis ablegen mussten.

„Ja, so machen wir es. Oh Gott, denkst du, man wird die Kinder in einer Pflegefamilie unterbringen, wenn wir ins Gefängnis müssen?" Antonia brach erneut in Tränen aus.

Inzwischen sah sie aus wie ein Beagle mit einer Augenentzündung, und Erwin brach fast das Herz.

„Das wird ganz sicher nicht passieren, mein Schatz! Denn ich werde alle Schuld auf mich nehmen. Du kommst bestimmt nicht ins Gefängnis."

Dass ihr Mann die Sache alleine ausbaden musste, kam für Antonia nicht infrage, aber im Augenblick, war etwas anderes wichtiger.

„Also wo könnten wir die L…, also Tante Melda denn vor den Kindern verstecken?"

Erwin überlegte. „Am besten in der Abstellkammer."

Antonia riss entsetzt die Augen auf. Meldas Leichnam inmitten von Schmutzwäsche, Bügelbrett und Putzmitteln? Sie würde dieses Bild nie wieder aus dem Kopf bekommen.

„Es ist doch nur für kurze Zeit“, murmelte Erwin entschuldigend. „Also komm jetzt, Schatz. Hilf mir bitte, ich glaube nicht, dass ich sie alleine tragen kann.“

Wachtmeister Stenler spürte, wie sich die Migräne anschlich. Dieses Pochen hinter der Stirn kannte er nur zu gut. Aber das war ja jetzt auch kein Wunder! Jedes Jahr in der Weihnachtszeit brauchte man als Polizist Nerven wie Drahtseile. Übermäßiger Alkoholkonsum, häusliche Streitereien und dann die mental Angeschlagenen, die in diesen Tagen noch mehr Probleme hatten und zum Problem werden konnten.

In diesem Jahr war die Adventszeit bisher relativ ruhig verlaufen, alles im gewohnten Bereich. Aber das hier war das Verrückteste, was er je in all den Jahren als Stadtpolizist erlebt hatte.

Fünf Leute, eine ganze Familie, saßen ihm gegenüber, und jeder von ihnen behauptete, er hätte die Großtante auf dem Gewissen.

Sogar der Knirps mit dem Eishockeypullover!

Er hatte versucht, etwas Ordnung in das Geschehen zu bringen, und sie laut angebrüllt, als alle wild durcheinandergeredet hatten.

Weit war er jedoch bis jetzt nicht gekommen, und er blickte mit gerunzelter Stirn auf seine Notizen. Das schien ein Fall für andere Instanzen zu sein. Da brauchte es Kollegen, die sich mit Mord auskannten – und mit Verrückten.

Denn er war sich ziemlich sicher, dass die gesamte Familie nicht ganz bei Trost war.

Er wollte gerade zum Telefon greifen, als einer seiner Mitarbeiter die Tür aufriss.

„Chef, ich glaube Sie sollten …“

„Was ist denn? Ich habe doch ausdrücklich gesagt, jetzt bitte keine Störung!“

„Aber es könnte wirklich wichtig sein. Ich habe hier eine ältere Dame am Telefon. Sie ist anscheinend alleine im Haus und völlig panisch. Sie behauptet, man hätte sie betäubt, in eine Abstellkammer gesperrt und ihre ganze Familie entführt!“

Nichts für schwache Nerven

Wie steht es denn um Ihr Nervenkostüm? Sind Sie eher zart besaitet, oder gehören Sie zu den Menschen, die durch nichts aus der Fassung zu bringen sind?

Es gibt Leute, die allein beim Gedanken an Blut in Ohnmacht fallen und sich niemals einen Film anschauen würden, in dem Gewalt vorkommt. Selbst wenn nur ein paar Ohrfeigen verteilt werden. Andere wünschen sich – um nicht gleich im Sessel einzuschlafen – mindestens eine handfeste Keilerei, und ein paar Tote darf es auch gern geben. Ist doch nur ein Film.

Leider ist das, was sich in der Realität zuweilen abspielt, manchmal viel brutaler. Und wenn Sie jetzt glauben, dass man in einer Stadt wie Baden von solchen Dingen verschont bleibt, muss ich Sie leider enttäuschen.

Denn das, was sich kürzlich im Park der Villa Langmatt abgespielt hat, war wirklich der blanke Horror. Also nichts für schwache Nerven ...

Sie wartete schon lange. Verborgen hinter den Zweigen eines Buschs, der an diesem brütend heißen Tag ein wenig Schatten spendete.

Sie verharrte, fast unsichtbar zwischen den Blättern, die sich in der Hitze und Trockenheit krümmten.

Der Garten vor der Villa war menschenleer. Es war viel zu heiß an diesem Nachmittag, um sich draußen aufzuhalten. Die Rosen standen in voller Blüte. Gepflegt und umsorgt von den Gärtnern, die täglich nach dem Rechten sahen.

Kein Luftzug bewegte sich, die Zeit schien stillzustehen.

Ein gelber Schmetterling flatterte, trunken vor Sommerglück, über den Rasen. Sie wurde unruhig. Wie lange würde es noch dauern, bis ihr Opfer in die Falle gehen würde? Endlos.

Mit einem Ruck kroch sie aus der Deckung und überprüfte noch einmal alles. Rüttelte und zerrte an den Enden des aufwändigen Konstrukts.

Dann war sie sicher, dass es standhalten würde. Dass es kein Entkommen gab.

Beim letzten Versuch war sie kläglich gescheitert. Das vermeintliche Opfer hatte sich als viel zu stark erwiesen. Verbittert um sein Leben gekämpft, und schließlich war ihm die Flucht gelungen.

Aber diesmal.

Sie kroch zurück in ihr Versteck. Sie musste warten. Geduldig bleiben.

Eine junge Frau schlenderte mit einer Kaffeetasse in der Hand um die Hausecke. Verharrte einen kurzen Moment in der prallen Sonne und zog sich dann eilig zurück.

Und wieder wirkten die Villa und der Garten wie gemalt. Wie eines der Gemälde, die im Inneren des Hauses die Wände schmückten.

Sie zuckte zusammen, als sie eine leichte Vibration wahrnahm. Jetzt nur nichts überstürzen. Sie musste sicher sein, dass die Falle zugeschnappt war.

Vorsichtig spähte sie aus ihrem Versteck. Und triumphierte.

Diesmal war es gelungen. Diesmal würde es kein Entkommen geben. Das Opfer saß hilflos zappelnd in ihrer Falle fest.

Mit rasender Geschwindigkeit schoss sie darauf zu und packte es.

Hielt es fest umklammert.

Biss zu.

Riss ihm ein Bein aus.

Es wehrte sich verzweifelt, aber es war dem Tod in die Arme gelaufen und hatte keine Chance. Sie schlang die Beine um seinen Leib und wickelte ihn ein, bis kaum noch etwas von ihm zu sehen war.

Mit einem letzten Biss trennte sie den Kopf vom Körper.

Dann verfrachtete die Spinne das kleine Insekt in die hinterste Ecke ihres Netzes. Wo schon weitere Beute baumelte.

Es war Sommer und ein guter Tag.

Nachwort

Wie schön, dass Sie mich bis hierhin begleitet haben! Nun trennen sich unsere Wege wieder. Ich hoffe, dass ich Sie gut unterhalten konnte, und vielleicht begegnen wir uns ja einmal in der Stadt. Ich würde mich freuen.

Falls Sie den ersten Band dieser Geschichten noch nicht kennen, finden Sie auf den nächsten Seiten eine Leseprobe aus: „Baden kann tödlich sein. Mörderische Geschichten aus der Bäderstadt".

Und wenn Sie mir schreiben möchten, finden Sie die Kontaktdaten auf meiner Homepage www.connylueescher.ch.

Machen Sie es gut, bleiben Sie gesund und auf „Wiederlesen".

Herzlichst

Conny Lüscher

Weitere Bücher:

Baden kann tödlich sein

Erkenne das Böse

Hornissenbrut

Stummer Schrei

Nur noch Stille

Leana

Leseprobe aus „Baden kann tödlich sein. Mörderische Geschichten aus der Bäderstadt“

Auf gute Nachbarschaft

Eine gute Nachbarschaft ist Gold wert. Da stimmen Sie mir sicher zu. Manch einer hat das Glück und schließt sogar Freundschaften mit den Menschen in seiner näheren Umgebung.

Aber selbst wenn nicht, solange Toleranz und Rücksichtnahme das Miteinander bestimmen, lässt es sich leben.

Frau Hasel kann davon nur träumen. Seit dieser junge Mann in die Wohnung neben ihr gezogen ist ...

Bummbummbummbumm.

Seit drei Stunden.

Frau Hasel presste sich die Hände auf die Ohren. Aber es nützte nichts.

Bummbummbummbumm.

Das tiefe Wummern der Bässe drang durch die Mauern und vibrierte in ihrem Magen. Ihr Herz war aus dem Takt geraten und schlug rasend schnell im Rhythmus der Musik aus der Wohnung nebenan.

Techno. Ja, das war unüberhörbar Techno. Frau Hasel war zwar schon eine ältere Dame, aber nicht von gestern. Sie hätte weinen können vor Verzweiflung.

Seit Wochen ging das nun so. Seit diese … diese Leute in die Wohnung neben ihr gezogen waren. Eigentlich nur ein junger Mann, Silvio Irgendwer, sie konnte seinen Nachnamen einfach nicht behalten. Aber zwischenzeitlich musste er ein Massenlager errichtet haben, so viele Menschen gingen bei ihm ein und aus. Tag und Nacht.

Sieben Tage in der Woche.

Und sie alle liebten Musik. Möglichst laut.

Bummbummbummbumm.

Die Wände in diesem Mehrfamilienhaus aus den Siebzigerjahren waren ohnehin so dünn, dass Frau Hasel immer sofort gemerkt hatte, wenn ihr ehemaliger Nachbar erkältet war.

Jeder Huster, jedes Niesen von ihm hatte sie in ihrer eigenen Wohnung zusammenzucken lassen.

Und im Bad war es besonders schlimm. Denn die Bäder lagen spiegelverkehrt nebeneinander, und Frau Hasel musste des Öfteren die Flucht ergreifen, wenn sie nicht alle Details seiner morgendlichen Beschäftigungen mitbekommen wollte.

Sie hatte sich darüber geärgert, aber wenn sie geahnt hätte, was ihr mit diesem Nachmieter blühen würde, hätte sie den guten Mann auf Knien angefleht zu bleiben.

Bummbummbummbumm …

In der plötzlichen Stille klingelten Frau Hasel die Ohren.

„Spiiiiinnst duuuuu? Du blöder …“ Eine kreischende Frauenstimme. Der Rest des Disputs ging unter.

Bummbummbummbummbumm.

Frau Hasel wohnte schon seit Jahrzehnten im Meierhofquartier. Die Lage war ideal. Die Miete trotz Zentrumsnähe noch bezahlbar, die Busverbindungen ließen nichts zu wünschen übrig, und einen Quartierladen gab es auch. Sogar eine Bäckerei, wo man Kaffee trinken, sich von Gebäck verführen lassen und einen Schwatz mit den Leuten halten konnte. Was braucht eine alleinstehende Frau mehr?

Gute Schuhe.

Denn Frau Hasel war am liebsten draußen in der Natur. Sie streifte jeden Tag durch den Wald – und das bei jedem Wetter. Wald gibt es links und rechts des Quartiers, und mit den Jahren kannte sie selbst die verschlungensten Pfade so gut, dass sie auch in stockfinsterer Nacht noch nach Hause gefunden hätte. Am meisten liebte sie den „Tüfels Chäller". Ein geradezu mystischer Ort.

Immer, wenn Frau Hasel dort herumspazierte, hatte sie das Gefühl, in einer anderen Welt zu sein. Dem Teufel war sie allerdings noch nie über den Weg gelaufen, und auch niemand, den sie kannte, hatte ihr von einer solchen Begegnung erzählt.

Aber möglich wäre es.

Ja, durchaus.

Denn in diesem Naturreservat herrscht eine eigentümliche Urwaldstimmung. Höhlen, Schluchten und Pflanzen, geheimnisvoll und märchenhaft. Es fällt nicht schwer zu glauben, dass hier alles passieren kann.

Bummbummbummbumm.

Frau Hasel sprang vom Sofa. Es hatte keinen Sinn, schon wieder die Hausverwaltung anzurufen. Das Fräulein dort versprach jedes Mal, sich darum zu kümmern, aber passiert war … gar nichts.

Frau Hasel musste aus dem Haus, das inzwischen nicht mehr ihr Zuhause war, sondern eine Folterkammer. Sie wollte in den Tüfels Chäller und hoffte, dass die himmlische Ruhe dort ihren Herzschlag und ihr Gemüt beruhigen würden.

Aber zuerst wollte sie noch den Briefkasten leeren. Das hatte sie am Vormittag ganz vergessen. Außer Werbung und Rechnungen würde sie wohl nichts vorfinden. Es gab nicht viele, die ihr schreiben könnten, außerdem kommunizierte man ja heute per SMS und Mail.

Als sie, wie erwartet, nur mit der Gratiszeitung und einem Brief von der Stadt – Abteilung Steuern, um genau zu sein – aus dem Lift trat, prallte sie fast in einen jungen Mann. Er murmelte irgendetwas, das wohl ein Gruß sein sollte, und zwängte sich an ihr vorbei.

Es roch unverkennbar.

Pizza, es gibt wieder Pizza, dachte Frau Hasel.

Fast täglich. Der junge Mann war bei einem Pizzaservice angestellt und anscheinend ein Freund dieses Silvios, wie hieß er gleich schon wieder? Wenn er sich wegen der lauten Musik nicht bemerkbar machen konnte, drückte er unten auf alle Klingeln, bis ihm jemand öffnete, deponierte die Schachteln vor der Wohnung und machte sich auf den Weg zu seiner zahlenden Kundschaft.

Bummbummbummbumm.

Der Boden auf der Etage war bis vor die Lift Türe mit Dreck übersät. Papier, Zigarettenstummel und zwei leere Pappbecher. Die beiden Pizzaschachteln thronten auf einem Berg ausgetretener Turnschuhe und genagelten Stiefeln.

Frau Hasel rümpfte die Nase, und als sie spürte, wie ihr Absatz auf einem ausgespuckten Kaugummi haften blieb, fasste sie seufzend einen Entschluss.

Sie holte einen Besen, einen Putzeimer und einen Abfallsack. Mit spitzen Fingern sammelte Frau Hasel alles ein. Am liebsten hätte sie auch noch die Pizza und die Schuhe in den Sack gestopft. Während sie über die Risiken einer solch radikalen Entsorgung nachdachte, wurde die Tür aufgerissen. Ihr junger Nachbar starrte sie, nur mit Unterhose bekleidet, entgeistert an. Frau Hasel hielt sich vor Schreck an ihrem Besen fest.

„Starten Sie oder landen Sie?", fragte er und kratzte sich unter den Armen.

„Wie bitte?"

„Na, ich dachte wegen dem Besen. Hexen können doch fliegen, oder etwa nicht?"

Er begann zu lachen.

Zuerst klang es noch ganz normal. Aber dann steigerte er sich hinein, bis er schließlich kreischend wie ein altes Weib, rückwärts gegen die Tür fiel und auf dem Boden landete. Das Türblatt schlug mit einem lauten Knall gegen die Wand.

Zum ersten Mal konnte Frau Hasel in die Wohnung sehen.

Frau Hasel schnappte nach Luft.

Es war eine einzige Müllhalde.

Berge von Dingen, die sie auf den ersten Blick gar nicht identifizieren konnte, türmten sich bis fast an die Decke. Das, was von den Wänden noch zu sehen war, war verschmiert, mit was auch immer. Frau Hasel wollte das auf gar keinen Fall wissen. Das Schlimmste waren die überquellenden Abfallsäcke, die in wildem Durcheinander im Flur standen. Frau Hasel kniff die Augen zusammen. Etwas schien sich dort zu bewegen.

Im Geiste sah sie schon weiße Maden, die sich durch Steckdosen und die Lüftungsgitter einen Weg in ihre

Wohnung bahnten. Käfer, Wanzen, die unter dem Türspalt gekrabbelt kamen.

Bummbummbummbumm.

In diesem Tempo. Heerscharen von ihnen. Unaufhaltsam. Genau wie diese Musik.

„Ist das diese blöde Kuh, von der du mir erzählt hast?" Eine junge Frau mit zerzausten Haaren erschien mit einer Bierdose in der Hand.

Barfuß, sie lief barfuß über den dreckigen Boden, und Frau Hasel rechnete damit, dass sie beim nächsten Schritt kleben blieb.

„Ja, genau", sagte Silvio immer noch kichernd. Er packte die Türklinke und zog sich daran hoch. Dabei rutschte seine graue Unterhose noch ein Stück.

Frau Hasel war vor Schock immer noch bewegungsunfähig, aber wenigstens schaffte sie es, die Augen vor diesem Spalt auf dem blassen Hintern abzuwenden.

„Ja, darf ich vorstellen? Frau Mecker, Frau Jammer, die Frau Scheißnachbarin, die nichts weiter zu tun hat, als bei der Hausverwaltung Stunk zu machen. Die den ganzen Tag mit dem Ohr an der Wand klebt und aufpasst, was wir machen, um sich dann zu beschweren!"

Inzwischen lachte Silvio nicht mehr, sondern funkelte sie zornig an.

„Ja? Hast du mitgehört?" Die junge Frau war näher gekommen und stupste ihr mit dem Zeigefinger auf die Brust. „Ich hoffe, du hast etwas dabei gelernt, du vertrocknete, alte Vettel!"

Frau Hasel wunderte sich, dass sie nicht einfach tot umfiel vor Zorn. Sie riss den Mund auf und wollte loslegen.

„Ach komm, lass", sagte Silvio, packte die Pizzaschachteln und zog seine Freundin zurück in den Flur. „Lass doch die Alte machen, was sie will. Und hey, gar nicht mal so übel, wenn die hier saubermacht. Also schön weiterputzen, kapiert?“

Es gab einen Windstoß, als er die Türe zuknallte.

Einen Luftzug, getränkt von abscheulichen Gerüchen.

Verwesung. Für Frau Hasel stank es nach Verwesung.

Mit zitternden Knien wankte sie zurück in ihre Wohnung.

Bummbummbummbumm.

Sie nahm es gar nicht wahr, als sie auf das Sofa fiel. So erschöpft und mitgenommen wie noch nie in ihrem Leben.

Wie von einem Sturm aufgewirbelte Blätter fegten die Gedanken durch ihren Kopf. Wut, Empörung, Verzweiflung, sie konnte nicht mehr klar denken.

Frau Hasel versuchte, zu sich zu kommen. Eine Lösung zu finden. Sie hatte ja schon vieles durchgemacht und noch immer einen Weg gefunden. Schon als junge Frau hatte sie sich nie unterbuttern lassen, und auch heute noch kam sie gut zurecht. Trotz ihrer silbernen Haare und den unzähligen Linien, die sich in ihr Gesicht eingegraben hatten, durfte man sie nicht unterschätzen.

Nur über meine Leiche, pflegte sie zu sagen, wenn sie etwas nicht akzeptieren konnte.

Und sie dachte nicht daran, frühzeitig das Zeitliche zu segnen.

Sie musste hier raus.

Blind vor Tränen schlüpfte sie in ihre Schuhe, griff nach einer Jacke und stürmte aus dem Haus. Sie lief einfach immer weiter, bis sie nicht mehr konnte und außer Atem auf einen moosbewachsenen Stein plumpste. Sie sah sich um.

Ich bin im Tüfels Chäller gelandet, stellte sie fest, ohne wirklich überrascht zu sein.

Ja, wo sonst.

Nirgends war es so schön und so still. Es war, als wäre das hier die wirkliche Welt und alles andere nur ein Traum.

Ein Albtraum!

Es war Spätsommer, am frühen Morgen hatte es noch geregnet, und der Wald war erfüllt von diesem eigentümlichen, verwirrenden Duft, den es nur hier gab.

Des Teufels Parfüm.

Über den Waldboden tanzten kleine Lichtpunkte wie goldene Münzen. Sonnenstrahlen, die durch die Äste fielen und ihre Aufmerksamkeit erregten.

Frau Hasel runzelte die Stirn, und dann lächelte sie. Sie hatte eine Lösung gefunden.

Ja, ich muss wohl für zwei, drei Tage verreisen. Aber vorher werde ich …

Sie ging auf einen hellen Fleck zu. Als sie sich niederkniete, keckerte eine Elster in dem Baum über ihr.

War das wirklich eine Elster? Es klang wie ein Lachen.

Das Lachen des Teufels.

Ausschnitt aus dem Artikel der Aargauer Zeitung.

„Silvio M. verstarb gestern im Kantonsspital Baden an den Folgen seiner Vergiftung mit grünem Knollenblätterpilz. Laut Aussage der Ärzte hätte er sich nach dem Verzehr und den ersten Symptomen sofort in Behandlung begeben müssen. Allerdings sei es nicht ungewöhnlich, dass die Betroffenen zuerst nur eine gewöhnliche Magen-Darm-Störung vermuten. Der Pizzaservice wehrt sich inzwischen per Anwalt gegen den

Verdacht, dass eine Lieferung von ihnen mit dem tödlichen Pilz kontaminiert gewesen ist."